PETITE
GRAMMAIRE MUSICALE

A L'USAGE
DES ÉCOLES PRIMAIRES, DES COURS ORPHÉONIQUES
ET DE TOUS LES ÉTABLISSEMENTS D'INSTRUCTION

PAR
M. MOUZIN
COMPOSITEUR, DIRECTEUR DU CONSERVATOIRE, PRÉSIDENT DE L'ORPHÉON
ET MEMBRE DE L'ACADÉMIE IMPÉRIALE DE METZ

PARTIE DE L'ÉLÈVE

PARIS
F. TANDOU ET CIE, LIBRAIRES-ÉDITEURS
78, RUE DES ÉCOLES
(PRÈS DU MUSÉE DE CLUNY ET DE LA SORBONNE)

PETITE
GRAMMAIRE MUSICALE

Tous les exemplaires de cet ouvrage sont revêtus de notre griffe.

LA PETITE GRAMMAIRE MUSICALE SE DIVISE AINSI :

PARTIE THÉORIQUE

Livre de l'Élève. 1 vol. in-18 jésus. — Prix, br. . . . . . 0 fr. 75
Livre du Maitre. 1 vol. in-18 jésus. — Prix, br. . . . . . 1 fr. 50

PARTIE PRATIQUE

Solfége gradué, 112 leçons à une, à deux et à trois voix, sur toutes les clefs; basées sur la tonalité, et les divisions binaire et ternaire. 1 vol. in-8 jésus. — Prix, br. » fr.

PARIS. — IMP. SIMON RAÇON ET COMP., RUE D'ERFURTH, 1.

PETITE
GRAMMAIRE MUSICALE

A L'USAGE

DES ÉCOLES PRIMAIRES, DES COURS ORPHÉONIQUES

ET DE TOUS LES ÉTABLISSEMENTS D'INSTRUCTION

PAR

M. MOUZIN

COMPOSITEUR, DIRECTEUR DU CONSERVATOIRE, PRÉSIDENT DE L'ORPHÉON
ET MEMBRE DE L'ACADÉMIE IMPÉRIALE DE METZ

PARTIE DE L'ÉLÈVE

PARIS
F. TANDOU ET CIE, LIBRAIRES-ÉDITEURS
78, RUE DES ÉCOLES

1864

PETITE
GRAMMAIRE MUSICALE

PREMIÈRE PARTIE

DU SON

Ire LEÇON

Du demi-ton, de la gamme chromatique; du ton et des gammes diatoniques majeure et mineure; de la tonalité.

1. Les sons musicaux sont ceux qui peuvent former entre eux des rapports que l'oreille apprécie facilement.

2. Il y a plus ou moins de distance entre des sons différents; cette distance se nomme intervalle.

3. Le plus petit intervalle musical se nomme demi-ton.

4. On classe les sons musicaux par séries de douze demi-tons de suite, depuis le plus grave jusqu'au plus élevé. Chaque série forme une octave.

5. De douze en douze demi-tons, le premier son de chaque série se renouvelle à l'octave supérieure, et commence à son tour une autre série.

6. On appelle échelle musicale la succession ascendante ou descendante de tous les sons du système actuel. L'échelle musicale comprend à peu près huit octaves.

7. Lorsqu'on chante douze demi-tons de suite en montant, ou en descendant, on chante la gamme chromatique, ou une octave chromatique.

8. Deux demi-tons réunis forment ce qu'on appelle un ton.

9. Les sons peuvent être classés par séries de tons et de demi-tons dans chaque octave.

10. Deux tons de suite, un demi-ton; trois tons de suite, un demi-ton, en montant, forment ce qu'on appelle une octave diatonique ou la gamme diatonique majeure.

11. Un ton, un demi-ton ; deux tons, un demi-ton ; un ton et demi, un demi-ton, en montant, forment ce qu'on appelle une octave diatonique ou la gamme diatonique mineure.

12. Chacune de ces gammes a la même étendue que la gamme chromatique.

13. Le premier son de la gamme a toujours la prépondérance sur les autres; on le nomme tonique.

14. Tous les autres sons de la gamme se groupant autour de la tonique, il s'établit entre eux des rapports auxquels on donne le nom de tonalité.

IIe LEÇON

Des intervalles et de leurs renversements.

RÉCITATION ET EXERCICE PRATIQUE.

1. Dans l'octave diatonique il y a sept sons principaux, plus l'octave du premier; on les nomme degrés de la gamme diatonique, degrés naturels ou primitifs.

2. Les cinq degrés intermédiaires se nomment chromatiques. Ce sont ceux qui existent au milieu des tons. Ils empruntent leurs noms aux sons principaux de la gamme diatonique.

3. Les huit degrés diatoniques et les cinq degrés chromatiques ne renferment jamais que douze demi-tons dans chaque octave. Il y a toujours huit degrés dans une octave ou gamme diatonique, et treize degrés dans une octave ou gamme chromatique.

4. On appelle unisson l'effet produit par plusieurs sons qui résonnent ensemble sur le même degré.

5. L'unisson n'exprime aucune distance.

6. On désigne les intervalles par le nombre de degrés diatoniques qu'il faut parcourir pour les former.

7. La distance d'un degré au second, ou suivant, se nomme *seconde*.
— troisième — *tierce*.
— quatrième — *quarte*.
— cinquième — *quinte*.
— sixième — *sixte*.
— septième — *septième*.
— huitième — *octave*.

8. Au delà de l'octave il y a la seconde redoublée ou neuvième ; la tierce redoublée ou dixième, etc.

9. Les sons qui forment les intervalles pouvant être disposés dans l'ordre inverse, donnent lieu à des renversements.

10. On trouve tous les intervalles suivants dans la gamme diatonique

majeure. Seconde mineure (un demi-ton), seconde majeure (un ton); tierce mineure (un ton et un demi-ton), tierce majeure (deux tons); quarte juste (deux tons et un demi-ton), quarte augmentée (trois tons); quinte diminuée (deux tons et deux demi-tons), quinte juste (trois tons et un demi-ton); sixte mineure (trois tons et deux demi-tons), sixte majeure (quatre tons et un demi-ton); septième mineure (quatre tons et deux demi-tons), septième majeure (cinq tons et un demi-ton); octave (cinq tons et deux demi-tons).

Renversements : septième majeure, septième mineure ; sixte majeure, sixte mineure ; quinte juste, quinte diminuée ; quarte augmentée, quarte juste ; tierce majeure, tierce mineure ; seconde majeure, seconde mineure ; l'octave a pour renversement l'unisson, et réciproquement [1].

11. Il y a encore d'autres intervalles qui se forment avec les degrés de la gamme mineure diatonique ou avec les degrés chromatiques.

IIIe LEÇON

Écriture musicale; portée, notes, degrés conjoints et degrés disjoints, clefs.

RÉCITATION ET EXERCICE PRATIQUE.

1. On écrit la musique sur cinq lignes parallèles, dont l'ensemble se nomme *portée*.

Exemple 1. — Portée.

5e ligne	
	4e interligne
4e ligne	
	3e interligne
3e ligne	
	2e interligne
2e ligne	
	1er interligne
1re ligne	

2. La première ligne est celle d'en bas; le premier interligne vient après.

3. On représente les sons par des figures que l'on nomme *notes*. Elles se placent sur les lignes, ou les interlignes, et on les lit de gauche à droite.

Exemple 2. — Notes.

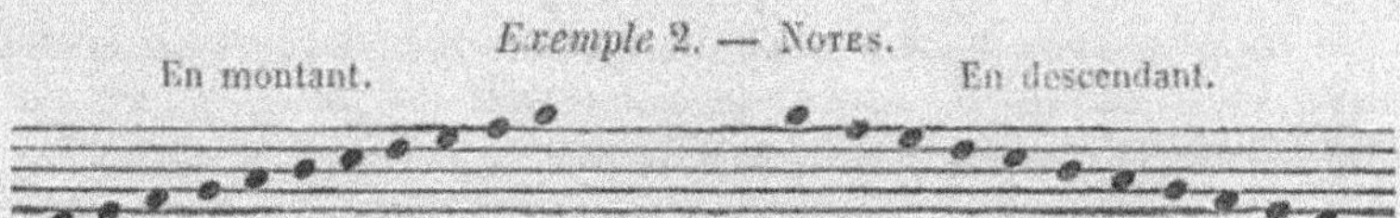

[1] Il faut remarquer : 1° que plus un intervalle est petit, plus son renversement est grand; 2° qu'ils produisent toujours, pris ensemble, une octave ou cinq tons et deux demi-tons; 3° qu'un intervalle mineur a son renversement majeur, et réciproquement : un intervalle diminué a son renversement augmenté, et réciproquement ; un intervalle juste a son renversement juste.

4. Les notes se suivent par degrés conjoints en passant d'une ligne à l'interligne suivant, et réciproquement en montant et en descendant.

Tous les degrés conjoints forment des intervalles de seconde.

Exemple 3. — Degrés conjoints (secondes).

5. Les notes se suivent aussi par degrés disjoints, c'est-à-dire par intervalles plus grands que la seconde.

Il y a toujours une tierce d'une ligne ou d'un interligne à l'autre.

Exemple 4. — Degrés disjoints.

6. La portée ne pouvant contenir qu'une partie de l'échelle musicale, on représente l'échelle entière par trois sections différentes.

La section grave, armée d'un signe que l'on nomme : *clef grave.*

La section du milieu, armée de la clef du milieu, et la section aiguë armée de la clef aiguë.

Exemple 5. — Clefs.

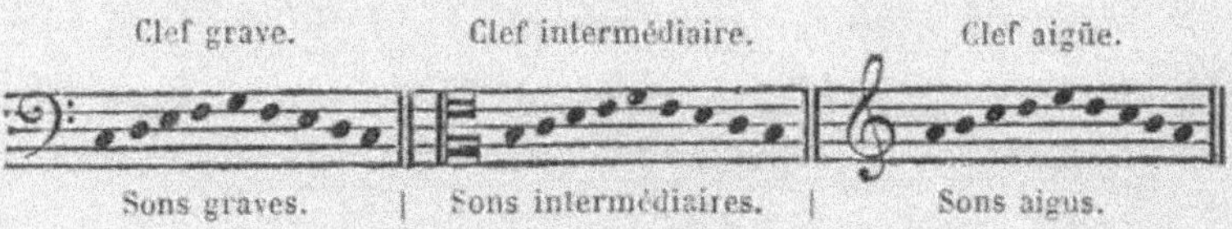

7. On peut écrire toute l'échelle musicale avec la clef grave et la clef aiguë, en se servant de lignes supplémentaires et d'un signe : 8[ve] qui représente l'octave supérieure ou inférieure.

Exemple 5 *bis*. — Échelle musicale sur deux clefs.

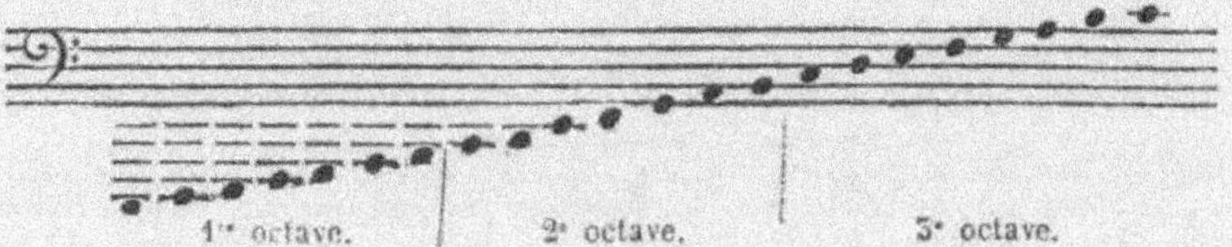

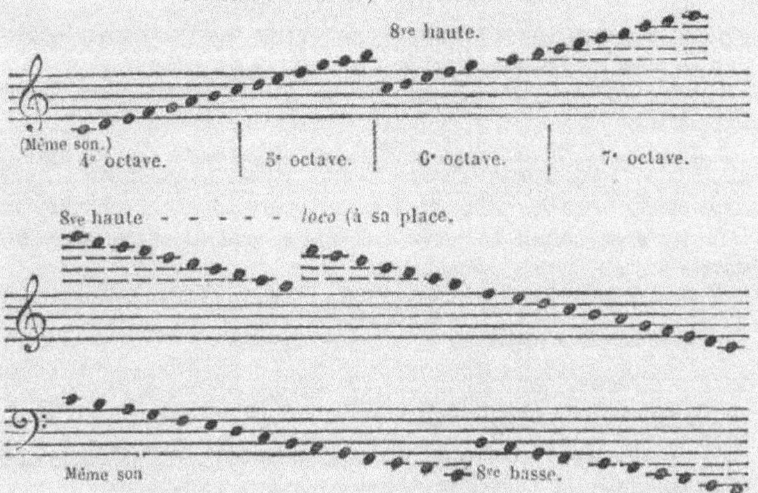

8. Les quatre octaves intermédiaires de l'échelle musicale représentent l'étendue des voix humaines, depuis le son le plus grave jusqu'au plus aigu.

Exemple 6.

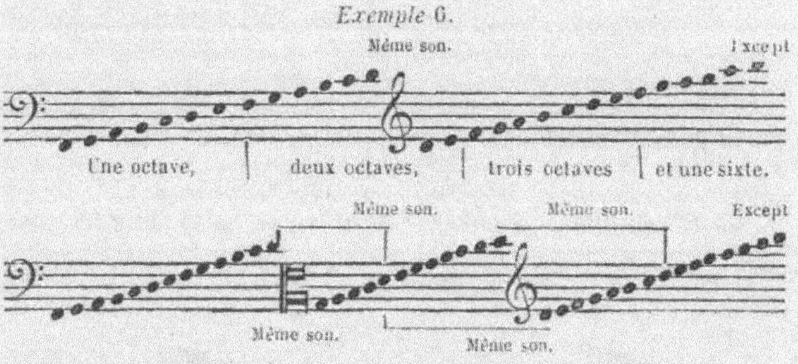

IVe LEÇON

Noms des notes, noms des clefs; dièse, bémol, bécarre.

CORRECTION, RÉCITATION ET EXERCICE PRATIQUE.

1. Dans l'étude élémentaire de la musique, on désigne les sept sons principaux de l'octave diatonique par les noms suivants :

do, re, mi, fa, sol, la, si (*do* octave).
1 2 3 4 5 6 7 8

Le huitième n'est que la répétition du premier. D'octave en octave on retrouve le même échelonnement, et le dernier nom de chaque octave est le premier de l'octave suivante.

2. Dans chaque octave les mêmes noms représentent les mêmes rapports de sons.

3. Les degrés chromatiques portent les mêmes noms que les degrés diatoniques; ils occupent aussi les mêmes places, seulement ceux qui représentent le demi-ton supérieur sont accompagnés d'un dièse, et ceux qui représentent le demi-ton inférieur sont accompagnés d'un bémol.

Exemple 7.

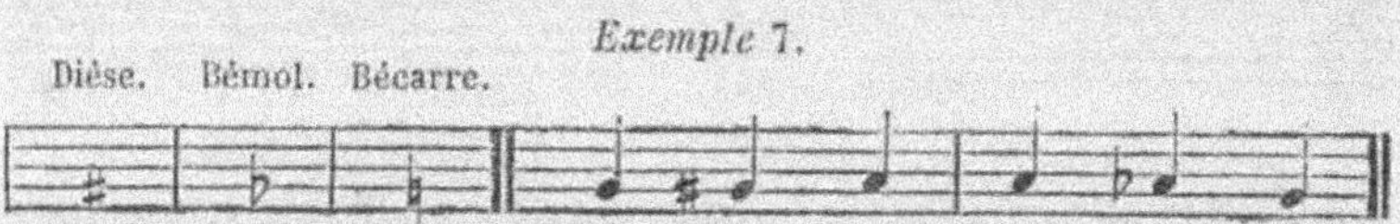

Lorsqu'on passe d'une note diésée ou bémolisée à la note primitive de même nom, cette dernière est accompagnée d'un bécarre.

Exemple 8.

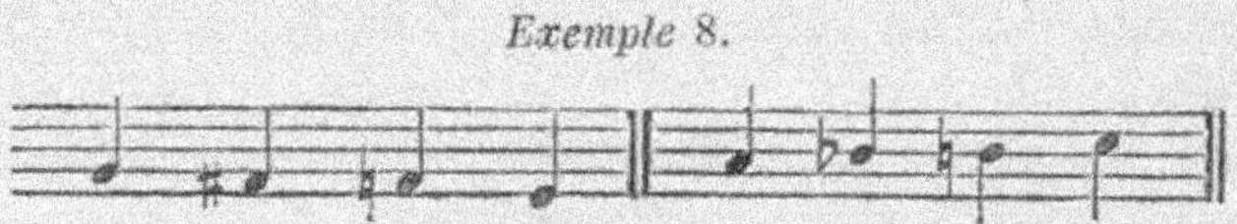

4. Pour déterminer la position des notes sur la portée, on se sert des clefs. La clef grave se nomme *fa*. Elle se place sur la quatrième ou la troisième ligne. La clé du milieu se nomme *do*. Elle se place sur la quatrième, la troisième, la deuxième ou la première ligne. La clef aigu· se nomme *sol*. Elle se place sur la deuxième ou sur la première ligne

Exemple 9.

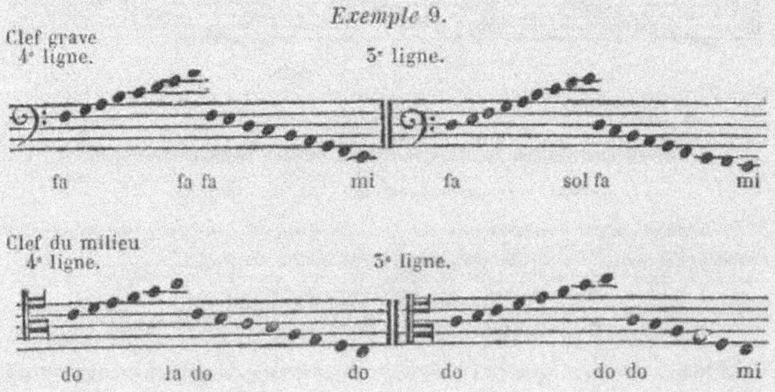

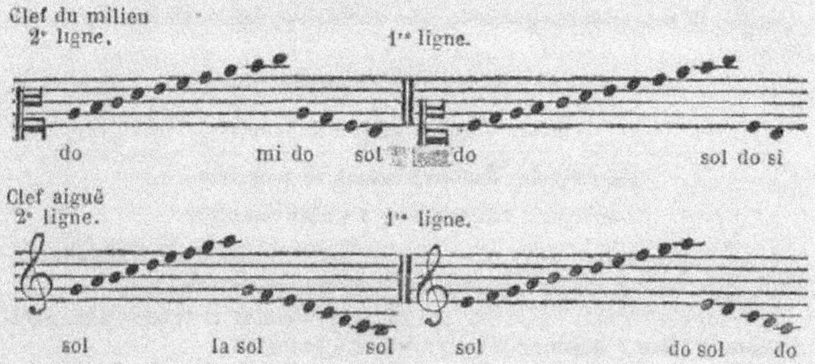

5. Une clef quelconque donne toujours son nom à la ligne de la portée sur laquelle elle se trouve. Les notes prennent alors le nom de la clef en passant sur cette ligne. (*Ex.* 9.)

Le nom d'une note étant connu, on échelonne les autres par degrés conjoints sur les lignes et les interlignes.

6. Quelle que soit la clef, on a toujours une tierce d'une ligne à la suivante ; une quinte dans l'espace de trois lignes ; une septième dans quatre lignes ; une neuvième dans les cinq lignes, etc., etc. ; même observation pour les interlignes. L'octave de la note placée sur une ligne se trouve dans un interligne, et réciproquement.

7. Les clefs les plus usitées sont : la clef de *fa* quatrième ligne, la clef de *do* quatrième et troisième lignes, et la clef de *sol* deuxième ligne.

La clef de *fa* quatrième ligne et la clef de *sol* deuxième ligne sont encore plus usitées que les autres.

DEVOIR.

DU TEMPS

Ve LEÇON

Des différentes durées.

CORRECTION, RÉCITATION ET EXERCICE PRATIQUE.

1. Il y a des notes qui durent longtemps, d'autres passent plus vite.
2. Les unes valent le double des autres et se subdivisent en 2, 4, 8, 16, 32 parties.
3. D'autres valent le triple et se subdivisent en 3, 6, 12, 24, 48 parties.

Enfin, il est encore possible de subdiviser les notes en 3, 9, 27 parties.

DEVOIR.

VIe LEÇON

Figures des durées binaires et ternaires.

CORRECTION, RÉCITATION ET EXERCICE PRATIQUE.

1. On exprime les différentes durées par diverses figures dont la valeur est relative dans la vitesse aussi bien que dans la lenteur.
2. Toutes ces figures peuvent servir à représenter le même son, mais chacune d'elles a une durée différente des autres.

Exemple 10. — NOMS ET FIGURES DES DURÉES.

Ronde.	Blanche.	Noire.	Croche.	Double-croche.	Triple-croche.
			Ou crochet.	Ou double crochet.	Ou triple crochet.

Ces différentes figures indiquent des durées qui vont en diminuant de moitié; ainsi :

Une ronde dure autant que 1 ou 2 ou 4 ou 8 ou 16 ou 32

Une blanche dure autant que 1 ou 2 ou 4 ou 8 ou 16

Une noire dure autant que 1 ou 2 ou 4 ou 8

Une croche dure autant que 1 ou 2 ou 4

Une double-croche dure autant que 1 ou 2

3. On les nomme binaires, parce que le nombre deux sert à les diviser :

	1/2	1/4	1/8	1/16	1/32
1	2	4	8	16	32

4. Les mêmes figures suivies d'un point expriment d'autres subdivisions ?

Exemple 11.

Une ronde pointée dure autant que 1 ou 3 ou 6 ou 12 ou 24 ou 48

Une blanche pointée dure autant que 1 ou 3 ou 6 ou 12 ou 24

Une noire pointée dure autant que 1 ou 3 ou 6 ou 12

Une croche pointée dure autant que 1 ou 3 ou 6

Une double croche pointée dure autant que 1 ou 3

5. On les nomme ternaires parce qu'elles se divisent en trois parties :

	1/3	1/6	1/12	1/24	1/48
1	3	6	12	24	48

6. Il y a encore des sous-divisions de valeurs ternaires qui produisent les nombres :

	1/3	1/9	1/27
1	3	9	27

(Voyez la Xe leçon.)

7. On rencontre souvent des notes suivies de deux points : le premier exprime une augmentation de durée de la moitié de la note ; le deuxième, une augmentation du quart. Ainsi une ronde pointée deux fois vaut trois blanches et une noire.

Exemple 12.

Une ronde pointée deux fois dure autant que 1 3 plus 1

ou dure autant que .

VIIe LEÇON

Des silences.

CORRECTION, RÉCITATION, EXERCICE PRATIQUE.

1. La durée du temps pendant lequel on ne chante pas s'exprime aussi par différents signes qu'on nomme silences.

2. Ils ont la même durée que les notes et ils ont aussi entre eux la même relation.

Exemple 13. — NOMS ET FIGURES DES SILENCES.

Pause. Demi-pause. Soupir. Demi-soupir. Quart de soupir. Huitième de soupir

La pause dure autant que la

La demi-pause autant que la

Le soupir autant que la

Le demi-soupir autant que la

Le quart de soupir autant que la

Le huitième de soupir autant que la

Ils vont en diminuant de moitié ainsi :

La pause dure autant que 2 ou 4 ou 8 ou 16 ou 32

La demi-pause dure autant que 2 ou 4 ou 8 ou 16

Le soupir dure autant que 2 ou 4 ou 8

Le demi-soupir dure autant que 2 ou 4

Le quart-de soupir dure autant que 2

3. Les silences peuvent exprimer des durées ternaires lorsqu'ils sont pointés.

DEVOIR.

VIIIe LEÇON

Accents binaire et ternaire.

CORRECTION, RÉCITATION ET EXERCICE PRATIQUE.

1. Dans les divisions binaires, les notes se groupent par deux, par quatre ou par huit.

2. Dans les divisions ternaires, elles se groupent par trois, par six ou douze.

3. Ces différents assemblages s'indiquent, dans l'exécution, en accentuant plus fortement la première note de chaque groupe de deux, de quatre ou de huit pour les valeurs binaires ; de trois, de six ou de douze pour les valeurs ternaires.

4. On peut encore indiquer la subdivision binaire ou ternaire des valeurs longues par des inflexions de voix.

DEVOIR.

IXe LEÇON

De la mesure et des différentes manières de l'indiquer.

CORRECTION, RÉCITATION ET EXERCICE PRATIQUE.

1. La mesure est la division du temps en parties égales.

2. On mesure le temps par des mouvements égaux de la main, et ces mouvements se nomment eux-mêmes des temps.

3. Dans l'écriture musicale on appelle une mesure ce qui est compris entre deux des petites barres verticales qui coupent la portée de distance en distance.

4. Chaque mesure de même nature renferme la même quantité de valeurs binaires ou ternaires.

5. Il y a deux manières principales de compter des mesures ; la première est de marquer deux temps égaux, l'un en frappant, l'autre en levant. C'est ce qu'on appelle : *battre la mesure à deux temps*.

La deuxième manière est de *battre à trois temps*, le premier en frappant, le deuxième à droite et le troisième en levant.

Il faut aussi battre la mesure à quatre temps, qui n'est qu'une mesure à deux temps doublée.

6. Voici le tableau des mesures en usage :

Exemple 14. — MESURES A TEMPS BINAIRES.

Valeur : Quatre noires ou leur équivalent dans chaque mesure.

Indication. ou etc.

Quatre temps.

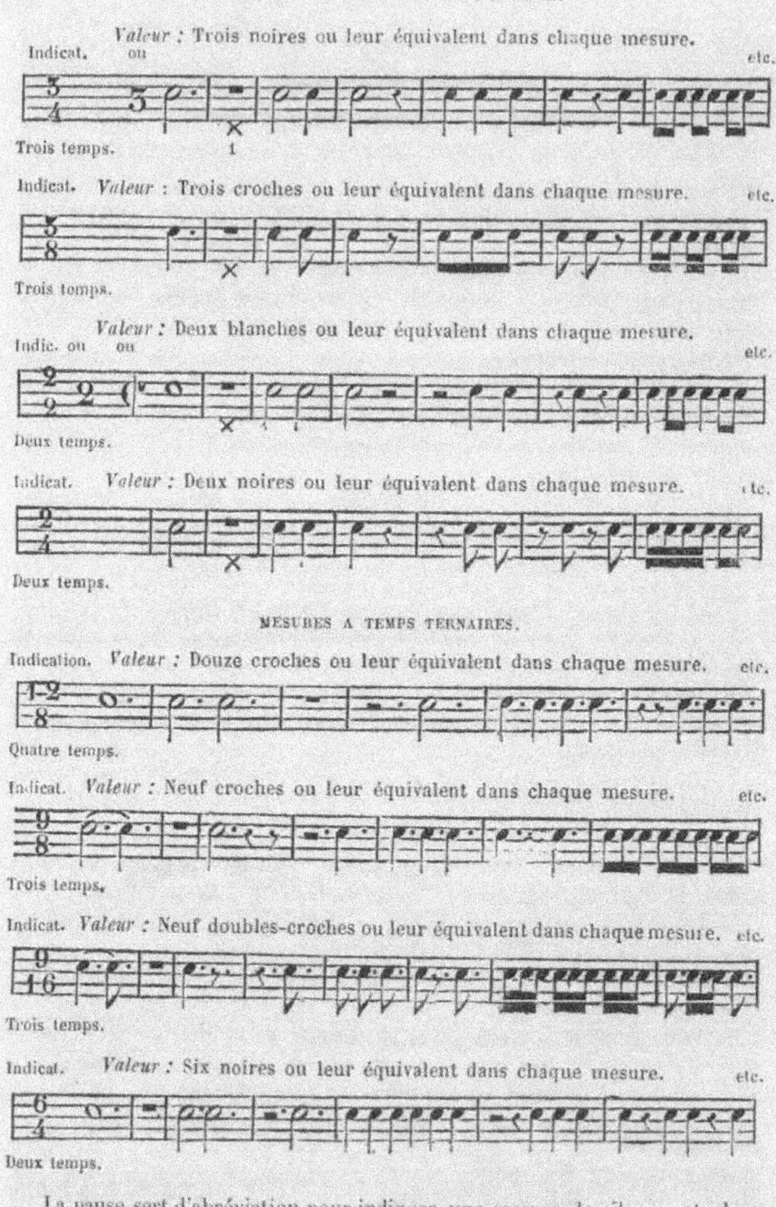

La pause sert d'abréviation pour indiquer une mesure de silence, et, dans ce cas, on n'a pas égard à la va'eur de la mesure.

Valeur : Six croches ou leur équivalent dans chaque mesure.

7. Dans les mesures à temps binaires, le chiffre supérieur 2, 3 ou 4, indique toujours le nombre des temps.

8. Dans les mesures à temps ternaires, ce chiffre est 6, 9 ou 12, c'est-à-dire le précédent multiplié par trois.

9. Dans les unes et les autres, le chiffre inférieur indique les subdivisions de la ronde.

10. Les chiffres indiquent aussi la valeur d'une mesure en fractions de la ronde.

11. On pourrait battre la mesure à un seul temps, surtout dans les mouvements rapides, en divisant ce temps suivant l'accent binaire ou ternaire des valeurs.

12. Il est possible d'écrire toute espèce de musique avec les seules mesures binaires et ternaires à deux et à trois temps, la durée des notes n'étant que relative.

13. Le meilleur moyen, pour bien posséder toutes les combinaisons de valeurs, surtout les plus compliquées, est de les étudier en séparant les temps, et en indiquant avec fermeté l'accent binaire ou ternaire de chaque temps.

Exemple 13.

ÉTUDE DES DIVISIONS BINAIRES ET TERNAIRES A UN TEMPS.

Valeurs binaires : Unité de valeur pour chaque temps : *une blanche.*

Le temps peut se subdiviser en deux ou quatre, etc.

Par diminution de moitié. — Unité de temps : *une noire.*

Par diminution de moitié. — Unité de temps : *une croche.*

(*Quadruples-croches ou quadruples-crochets*)

Valeurs ternaires : Unité de valeur pour chaque temps : *une blanche pointée.* Chaque temps se subdivise en trois, en six, etc.

Diminution de moitié. — Unité de temps : *une noire pointée.*

Continuez...

Diminution de moitié. — Unité de temps : *une croche pointée.*

DEVOIR. *Continuez...*

Xe LEÇON

Triolets; mesure à 5/4, mesures incomplètes, temps forts et temps faibles.

CORRECTION, RÉCITATION ET EXERCICE PRATIQUE.

1. Lorsque des combinaisons ternaires sont mêlées aux mesures binaires, elles forment, par exception, des groupes de trois ou de six notes, qu'on nomme triolets, sextolets ou sixaines, etc.

On exécute alors trois notes au lieu de deux ; six au lieu de quatre ; douze au lieu de huit, sans altérer la durée des temps.

2. Ces exceptions s'indiquent par les chiffres trois pour les triolets, six pour les sixaines, etc. Quelquefois même on néglige d'écrire ces chiffres.

On trouve aussi, dans les divisions ternaires, des groupes de triolets, donnant les nombres 5, 9, 27, dont il a été parlé plus haut.

Exemple 16.

EXCEPTIONS, TRIOLETS, SEXTOLETS DANS LES DIVISIONS BINAIRES.

Unité de temps : *une blanche.*

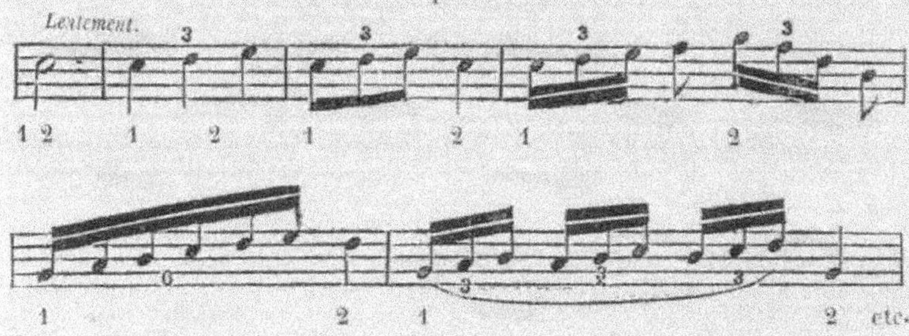

Diminution de moitié. — Unité de temps : *une noire.*

Diminution de moitié. — Unité de temps : *une croche.*

EXCEPTIONS DANS LES DIVISIONS TERNAIRES.

Unité de temps : *une blanche pointée.*

Diminution de moitié.

Diminution de moitié.

3. Il y a encore, surtout dans la musique instrumentale, des groupes irréguliers de cinq notes au lieu de quatre; de sept au lieu de six ; de neuf au lieu de huit ; etc. On les indique aussi par le nombre correspondant à l'exception.

Exemple 17.

4. Une mesure peu usitée est celle qui se bat à cinq temps, 5/4. Elle vaut une blanche pointée et une blanche ou cinq noires. On la bat à trois temps, puis à deux. Il y a avantage à battre tous les temps en frappant.

Exemple 17 *bis.*

A trois et à deux temps :

On bat aussi à deux et à trois temps :

5. Il peut arriver que la première mesure soit incomplète. On commence alors par un autre temps que le premier. Cela s'appelle commencer en levant, et, lorsqu'on doit enchainer la fin avec le commencement, la dernière mesure ne renferme que le complément de la première.

6. Les mesures sont séparées par des barres, et le premier temps est après chaque barre. Ce premier temps est plus accentué que les autres, et on l'appelle temps fort.

7. Dans les mesures à deux temps le premier est fort. Le deuxième est faible.

8. Dans les mesures à trois temps le premier seul est fort.

9. Dans les mesures à quatre temps, le premier est fort, le second est faible, le troisième fort, le quatrième faible. (Ex. 18.)

Exemple 18.

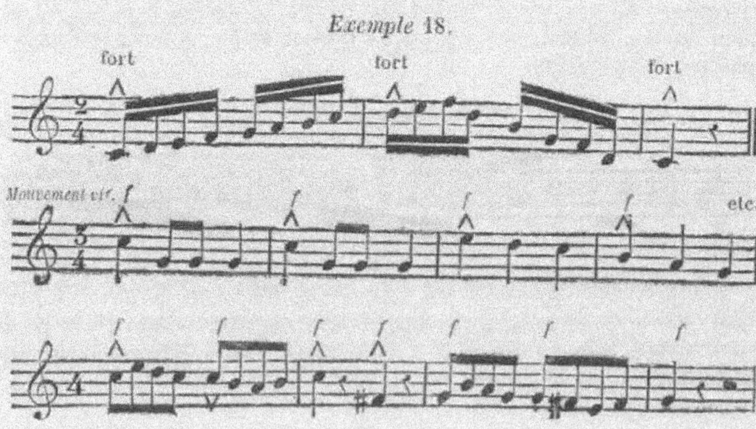

10. Dans les mouvements lents, chaque temps peut être aussi divisé en parties forte et faible, par l'accent binaire ou ternaire.

Exemple 19.

11. Dans les mouvements rapides, on peut, au contraire, réunir deux ou trois temps en un seul. Cela donne plus d'énergie au temps fort (Ex. 20).

Exemple 20.

Mouvement très-rapide — On bat la mesure à un temps.

Mouvement vif. — A un temps.

12. L'observation des temps forts et des temps faibles est aussi importante que celle de l'accent binaire ou ternaire. Il ne faut pas la négliger.

DEVOIR.

DU SON ET DU TEMPS

XIe LEÇON (XIIIe DE LA PARTIE DU MAITRE)

Du double dièse, du double bémol; du bécarre dièse, du bécarre bémol.

CORRECTION, RÉCITATION ET EXERCICE PRATIQUE.

1. Deux notes de même nom peuvent être accompagnées, l'une d'un simple dièse, l'autre d'un double dièse. Dans ce cas, la seconde note est à un demi-ton au-dessus de la première.

2. L'indication du double bémol produit le même effet en sens inverse. Des deux notes, la seconde est à un demi-ton au-dessous de la première.

3. Si l'on veut revenir du double dièse au simple dièse, on se sert du bécarre dièse.

4. Pour revenir au simple bémol, on se sert du bécarre bémol.

Exemple 21.

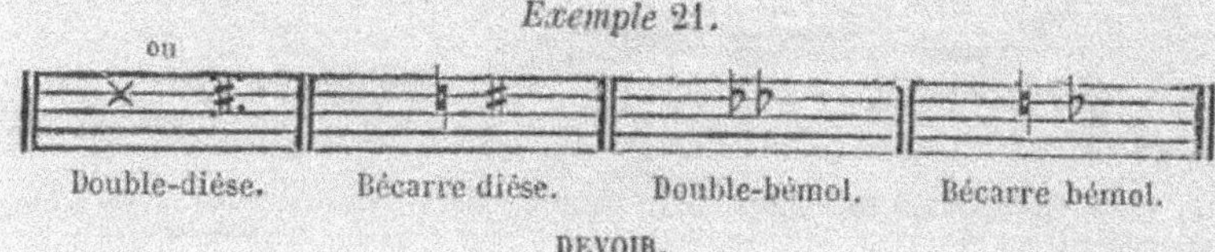

Double-dièse. Bécarre dièse. Double-bémol. Bécarre bémol.

DEVOIR.

XIIe LEÇON (XIVe DE LA PARTIE DU MAITRE)

Syncopes et contre-temps.

CORRECTION, RÉCITATION ET EXERCICE PRATIQUE.

1. On appelle syncope la substitution du temps faible au temps fort, et réciproquement.

2. La syncope est produite par la prolongation sur le temps fort d'un son commencé sur le temps faible précédent.

3. Il y a des syncopes régulières formées de deux parties d'égale valeur.

4. Il y a des syncopes irrégulières formées de deux parties inégales.

5. La syncope doit toujours être accentuée au début.

6. Quand la partie forte de chaque temps est occupée par un silence, et la partie faible par une note, on appelle cela des contre-temps.

Exemple 22.
Syncopes régulières.
Syncopes irrégulières.
Enjambement du point.
Syncopes régulières.
1 2 3 4 5 6
Autre manière de les écrire
1 2 3 4 5 6
Contre-temps.
1 2 3 4
1 2 3 4
f
f

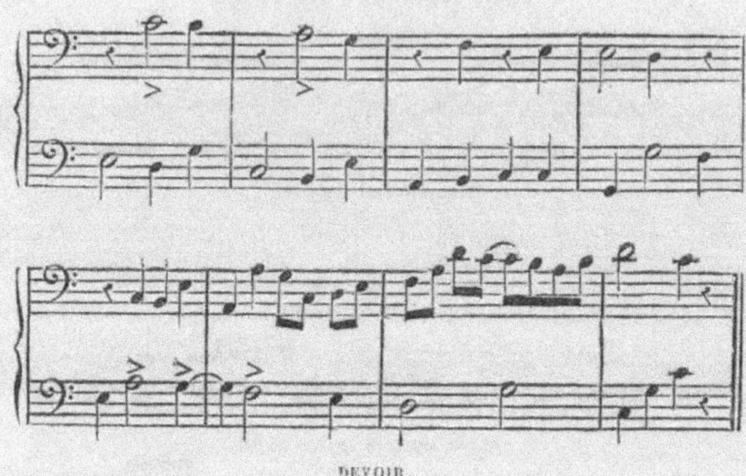

DEVOIR.

DEUXIÈME PARTIE

DU SON

XIIIe LEÇON (XIXe DE LA PARTIE DU MAITRE)

Structure des gammes; gamme chromatique, demi-ton chromatique, demi-ton diatonique; gamme diatonique majeure.

CORRECTION, RÉCITATION, EXERCICE PRATIQUE

1. La gamme chromatique est une succession ascendante ou descendante de douze demi-tons renfermés entre treize degrés dans l'étendue d'une octave.

2. Gamme chromatique signifie gamme colorée, à cause de la variété introduite dans la musique par les douze demi-tons.

3. Les sons de cette gamme portent les noms des degrés de la série diatonique, et les mêmes noms diésés ou bémolisés.

DO	*do* dièse *ré* bémol	RÉ	*ré* dièse *mi* bémol	MI	FA	*fa* dièse *sol* bémol	SOL	*sol* dièse *la* bémol	LA	*la* dièse *si* bémol	SI	DO

Exemple 23.

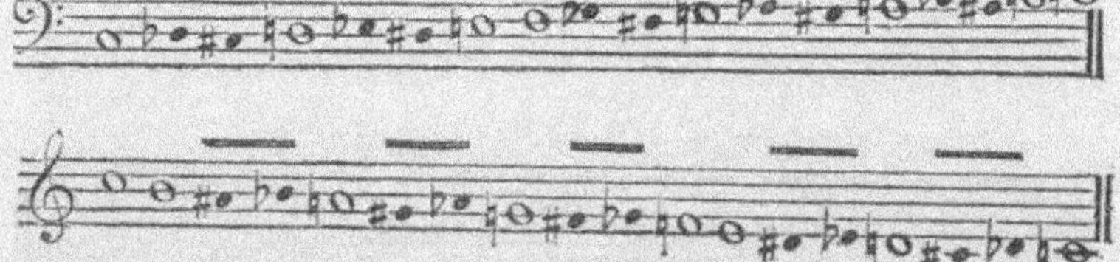

4. Les notes diésées et les notes bémolisées intermédiaires, indiquant les mêmes sons, on les appelle synonymes :

Ré *bémol*, Do *dièse;* Mi *bémol*, Ré *dièse;* Sol *bémol*, Fa *dièse;* La *bémol*, Sol *dièse;* Si *bémol*, La *dièse*, sont des notes synonymes.

5. Les sept noms principaux représentent l'assemblage diatonique, qu'on appelle gamme majeure, et dont voici l'énoncé :

Tierce majeure.

Un ton, un ton, un demi-ton; un ton, un ton, un ton, un demi-ton; c'est-à-dire : deux tons, un demi-ton; trois tons, un demi-ton ou douze demi-tons.

Exemple 24. — GAMME DIATONIQUE MAJEURE.

6. L'intervalle d'un ton est formé de deux demi-tons, dont l'un est chromatique et l'autre diatonique.

Le demi-ton chromatique a lieu entre deux notes *de même nom*, l'une diatonique, l'autre chromatique.

Le demi-ton diatonique a lieu entre deux notes *de noms différents* ou deux notes diatoniques.

Exemple 25.

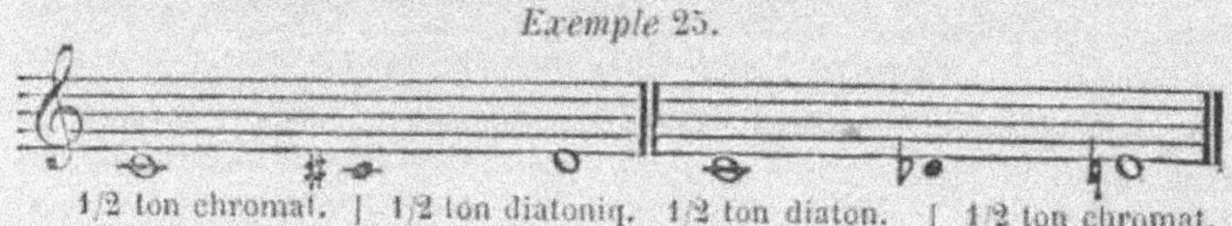

7. Il y a, dans chaque octave, cinq demi-tons chromatiques et sept demi-tons diatoniques, pouvant se combiner pour former cinq tons et deux demi-tons.

8. On nomme genre chromatique, celui dans lequel on emploie de préférence les combinaisons chromatiques.

9. On nomme genre diatonique, celui dans lequel on emploie les combinaisons diatoniques de la gamme majeure ou de la gamme mineure.

10. Voici la structure de cette dernière :

Tierce mineure.

Un ton, un demi-ton; un ton, un ton, un demi-ton;

Seconde augmentée.

un ton et demi, un demi-ton.

Exemple 26. — GAMME DIATONIQUE MINEURE.

11. Gamme majeure signifie, comme on l'a vu plus haut, la succession ascendante que voici :

Deux secondes majeures, une mineure; trois secondes majeures, une mineure. En tout, cinq tons et deux demi-tons renfermés entre les huit degrés de l'octave diatonique.

12. La gamme en *do* est construite d'après ce modèle, et on l'appelle gamme naturelle ou primitive en *do*; ton ou tonalité de *do*.

13. On peut écrire beaucoup de musique avec les notes de cette tonalité, mais, seule, elle deviendrait monotone, et, pour obtenir plus de variété, il est indispensable que la tonalité puisse s'établir sur un son quelconque. DEVOIR.

XIVe LEÇON (XXe DE LA PARTIE DU MAITRE)

Imitation de la gamme majeure à tous les degrés.

CORRECTION, RÉCITATION, EXERCICE PRATIQUE.

1. Il faut varier les points de départ de la gamme pour éviter la monotonie.

2. Cette variété offre autant de ressources au mucisien que la variété des couleurs en offre au peintre.

3. La gamme peut porter autant de noms différents qu'il y en a dans l'octave chromatique, mais c'est à la condition d'employer les sons intermédiaires diésés ou bémolisés, pour mettre les tons et les demi-tons à leur place dans la gamme.

4. Dans la gamme en *sol*, le *fa* serait trop bas, on le remplace par *fa* dièse B.

5. Dans la gamme en *fa*, le *si* serait trop haut, on le remplace par *si* bémol C.

Exemple 27.

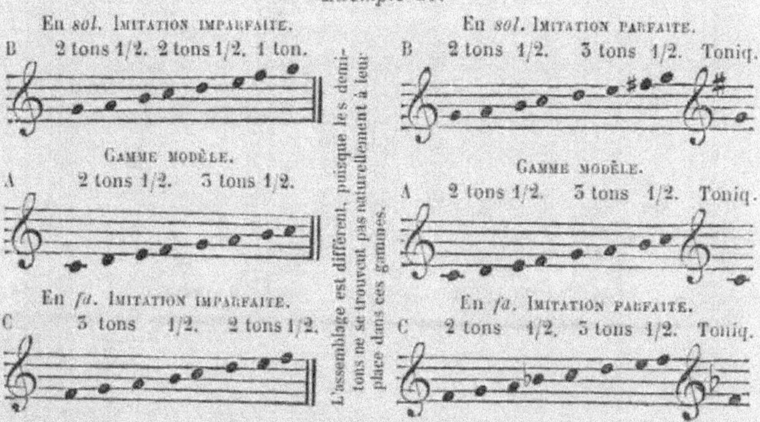

6. En descendant de quinte juste en quinte juste à partir de *do*, on imite sept fois la gamme jusqu'à *do* bémol.

7. En montant de quinte juste en quinte juste, on l'imite sept fois aussi jusqu'à *do* dièse.

8. Cela fait, avec la gamme en *do*, quinze points de départ différents. En voici le tableau :

Exemple 28.

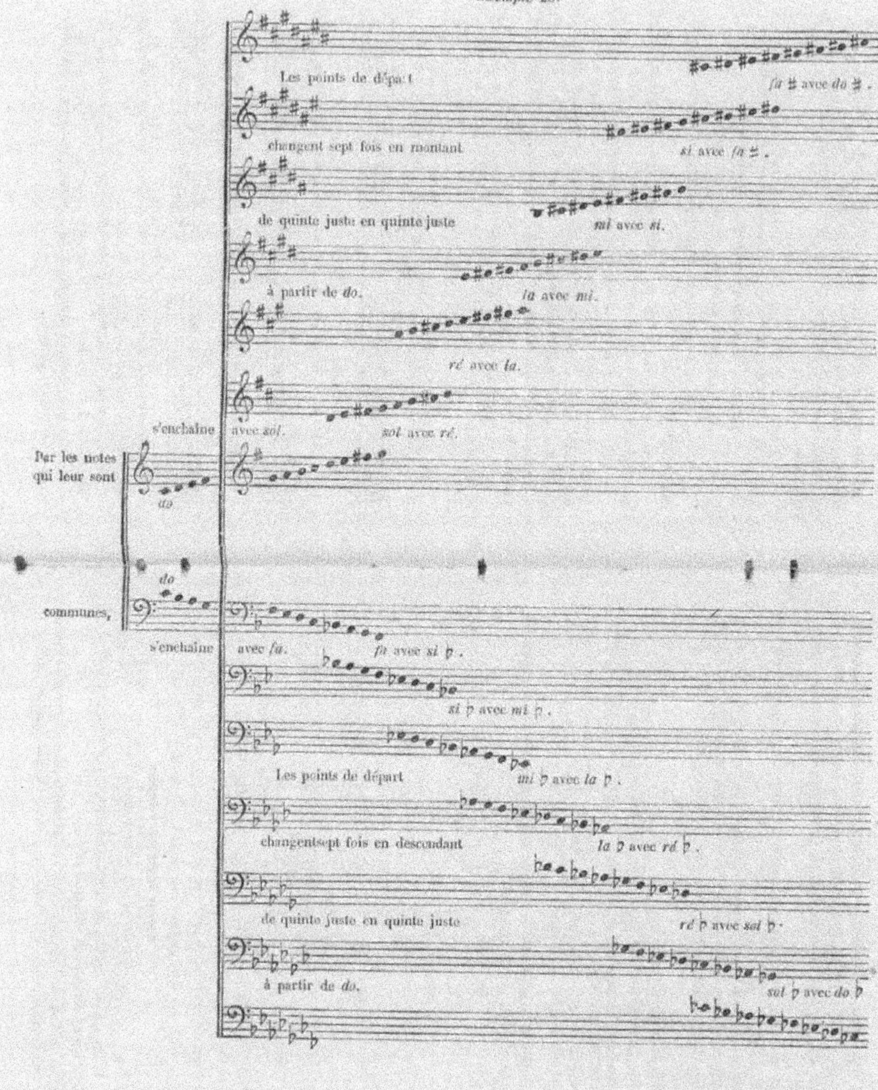

9. Les dièses ou les bémols, qui sont fixés dans une série formant la gamme, doivent être placés après la clef et non devant chaque note.

10. Avec les sept dièses on imite la gamme sept fois de suite en montant.

11. Avec les sept bémols on imite la gamme sept fois de suite en descendant.

Il y a donc sept tonalités dans lesquelles il entre des notes diésées, et sept tonalités dans lesquelles il entre des notes bémolisées. Avec la tonalité modèle, naturelle ou primitive, en tout quinze tonalités différentes.

12. En voici les noms :

Tonalités diésées : *sol, ré, la, mi, si, fa* dièse, *do* dièse.

Tonalités bémolisées : *fa, si* bémol, *mi* bémol, *la* bémol, *ré* bémol, *sol* bémol, *do* bémol.

Degrés diésés : *fa, do, sol, ré, la, mi, si.*

Degrés bémolisés : *si, mi, la, ré, sol, do, fa.*

Toutes ces successions se font de quinte juste en quinte juste, soit en descendant, soit en montant :

do dièse
fa dièse
si
mi
la
ré
sol
do
fa
si bémol
mi bémol
la bémol
ré bémol
sol bémol
do bémol

DEVOIR.

XVe LEÇON (XXIIe DE LA PARTIE DU MAITRE)

Gamme diatonique mineure.

CORRECTION, RÉCITATION ET EXERCICE PRATIQUE.

1. On appelle gamme diatonique mineure celle dont les tons et les demi-tons s'enchaînent comme il suit :

Un ton, un demi-ton ; un ton, un ton, un demi-ton ; un ton et demi ; un demi-ton.
(Un ton, un demi-ton : Tierce mineure.) (Un ton et demi : Seconde augmentée.)

2. Elle est mineure parce que les intervalles qui la caractérisent (la tierce et la sixte) sont mineurs. Le caractère de cette gamme est moins brillant, et plus propre à exprimer la tristesse que celui de la gamme majeure.

Exemple 29. — Gamme diatonique mineure modèle.

Première manière.

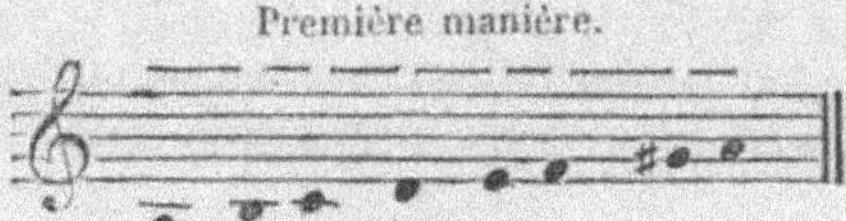

3. La gamme mineure contient un intervalle de seconde augmentée (un ton et demi) du sixième au septième degré.

4. Cet intervalle, difficile à chanter dans les passages rapides, est souvent modifié par l'introduction dans la gamme d'un sixième degré plus élevé d'un demi-ton.

Exemple 30.

Seconde manière.

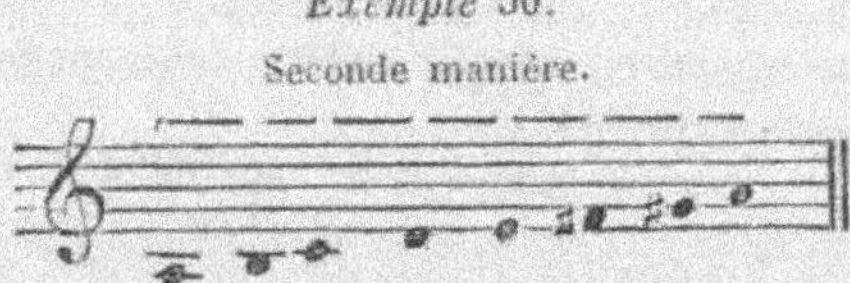

5. Le sixième degré plus élevé ne se fait qu'en montant.

6. On peut donc chanter la gamme mineure de deux manières en montant.

1° Un ton, un demi-ton ; deux tons et demi ; un ton et demi ; un demi-ton. *Ex*. 29.
Tierce mineure.
Sixte mineure. Seconde augmentée.

2° Un ton, un demi-ton ; trois tons, un ton, un demi-ton. *Ex*. 30.
Tierce mineure.
Sixte majeure.

7. On chante aussi la gamme mineure de deux manières en descendant :

1re *manière*, absolument semblable à la première gamme ascendante.

Exemple 31.

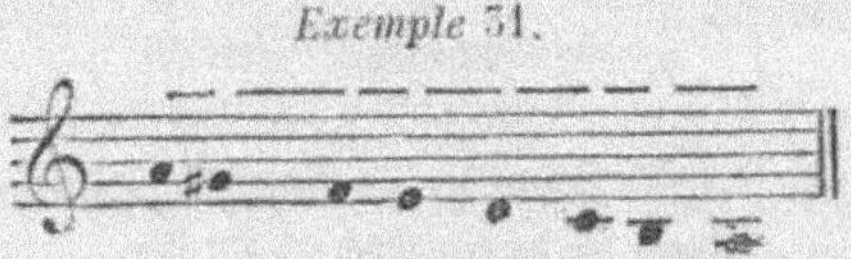

2e *manière*, avec les septième et sixième degrés plus bas chacun d'un demi-ton que dans la seconde gamme ascendante.

Exemple 32.

8. La deuxième gamme en descendant rappelle les notes de la gamme majeure, qui est à une tierce mineure au-dessus.

9. On nomme alors ces deux gammes relatives l'une de l'autre, ce qui veut dire qu'elles sont formées des mêmes sons disposés différemment.

Exemple 33.

10. Il n'y a d'exception à cette ressemblance que pour la septième note de la gamme mineure, qui doit toujours être à un demi-ton de la huitième, au moins en montant.

11. Il en résulte que les signes de la tonalité sont les mêmes pour la gamme majeure que pour sa gamme mineure relative.

12. Le septième degré de la gamme, en raison de son caractère accidentel, n'est pas indiqué à la clef d'une manière spéciale.

13. La tonalité mineure relative se révèle par la présence, dans les premières mesures, du septième degré de la gamme mineure à l'état de note sensible.

14. La manière dont les gammes majeure et mineure affectent l'oreille constitue ce qu'on appelle le mode.

On dit : le mode majeur, en parlant de la musique qui se fait avec la gamme majeure.

On dit : le mode mineur, en parlant de la musique qui se fait avec la gamme mineure.

Un morceau est écrit dans le mode majeur, c'est-à-dire avec les notes de la gamme majeure.

Un morceau est écrit dans le mode mineur, c'est-à-dire avec les notes de la gamme mineure.

DEVOIR.

XVIe LEÇON (XXIIIe DE LA PARTIE DU MAITRE)

Étude de la tonalité ou du ton.

CORRECTION, RÉCITATION ET EXERCICE PRATIQUE.

1. La tonalité est le rapport ou la parenté qui s'établit entre les

notes de la gamme pendant toutes les combinaisons qu'elles peuvent former ensemble.

2. Le principe de la tonalité est l'influence que les sons de la gamme exercent les uns sur les autres.

3. Cette infl ence se manifeste dans la succession des sons. Il y en a qui ne laissent rien à désirer à l'oreille, d'autres tendent à monter ou à descendre.

4. Ces derniers sont toujours attirés vers ceux qui expriment le repos.

5. Une tonalité ne peut changer de nom que par un changement de point de départ de la gamme.

6. Il y a autant de noms de tonalités qu'il y a de points de départ pour la gamme, mais le caractère de la tonalité est le même partout, il ne fait que changer de place lorsqu'il s'établit entre d'autres sons.

7. L'oreille doit reconnaître la tonalité sous toutes les formes, absolument comme l'œil reconnaît les couleurs.

8. Pour arriver à ce résultat, on emploie, en désignant les degrés de la gamme, des noms qui expriment le rôle que chacun d'eux joue dans la tonalité relativement aux autres degrés, ainsi :

Tonique, signifie toujours le 1er degré ; sur lequel la tonalité est établie, celui qui a le caractère du repos complet.

Su-tonique, signifie toujours le 2e ; au-dessus de la tonique.

Médiante, signifie toujours le 3e ; au milieu de l'accord parfait, entre la tonique et la dominante.

Sous-dominante, signifie toujours le 4e; au-dessous de la dominante.

Dominante, signifie toujours le 5e ; qui domine dans l'accord parfait.

Su-dominante, signifie toujours le 6e; au-dessus de la dominante.

Sensible, signifie toujours le 7e ; plus sensiblement entraîné que les autres.

Tonique octave, signifie toujours le 8e ; l'octave de la tonique.

9. Ces noms sont applicables à toute série de sons formant la gamme. Ils ont l'avantage d'être toujours les mêmes et d'avoir toujours la même signification.

10. L'oreille doit toujours reconnaître facilement les sons qui ont le caractère tonal attaché aux mots :

Tonique, *Dominante*, *Sensible*, etc.

11. On dit aussi : le ton de *do*, pour désigner la tonalité ou famille du sons qui commence par *do*. Le ton de *si* bémol, pour la tonalité oe gamme en *si* bémol, etc., etc.

12. On peut toujours déterminer la tonalité par la recherche des intervalles qui ne se trouvent qu'une fois dans la gamme.

Le quatrième et le septième degrés forment une quarte augmentée.

Leur renversement donne une quinte diminuée.

Ces deux intervalles ne se trouvent qu'une fois chacun dans la gamme.

Le sixième et le septième degrés de la gamme mineure forment une seconde augmentée ou une septième diminuée qu'on ne trouve qu'une fois dans la gamme.

13. La tonalité ne variant jamais dans son caractère, toutes les séries portant le même nom peuvent être énoncées de la même manière, pour simplifier la lecture. Ainsi on dira :

Do, ré, mi, fa, sol, la, si, do, pour les cinq tonalités : *do* bémol, *do* bécarre, *do* dièses majeures ; *do* bécarre et *do* dièse mineures.

Ré, mi, fa, sol, la, si, do, ré, pour les quatre tonalités : *ré* bémol, *ré* bécarre majeures; *ré* bécarre, *ré* dièse mineures.

Mi, fa, sol, la, si, do, ré, mi, pour : *mi* bémol, *mi* bécarre majeures ; *mi* bémol, *mi* bécarre mineures.

Fa, sol, la, si, do, ré, mi, fa, pour : *fa* bécarre, *fa* dièse majeures ; *fa* bécarre, *fa* dièse mineures.

Sol, la, si, do, ré, mi, fa, sol, pour : *sol* bémol, *sol* bécarre majeures ; *sol* bécarre, *sol* dièse mineures.

La, si, do, ré, mi, fa, sol, la, pour : *la* bémol, *la* bécarre majeures ; *la* bémol, *la* bécarre, *la* dièse mineures.

Si, do, ré, mi, fa, sol, la, si, pour : *si* bémol, *si* bécarre majeures ; *si* bémol, *si* bécarre mineures.

14. Les trente séries de noms seront alors réduites à sept et, bientôt, pour le musicien attentif, celles-ci se résumeront en une seule, fixe et invariable, qui se nomme toujours : tonique, su-tonique, etc.

XVIIe LEÇON (XXVe DE LA PARTIE DU MAITRE)

Recherche de la tonalité et du mode; notes accidentelles.

CORRECTION, RÉCITATION ET EXERCICE PRATIQUE.

1. Dans les tonalités à dièses, on trouve toujours la tonique majeure un degré au-dessus du dernier dièse de la clef.

2. Dans les tonalités à bémols, on trouve toujours la tonique majeure une quarte juste au-dessous du dernier bémol de la clef. Quand il y en a plusieurs, on prend l'avant-dernier bémol pour tonique.

3. Le mode, majeur ou mineur, n'étant pas indiqué à la clef, il faut, pour le connaître, chercher la note sensible de la gamme mineure relative dans les premières mesures.

4. Suivant la tonalité, cette note sensible peut être représentée par un degré naturel, un degré dièse ou un degré double dièse.

5. Si cette note sensible existe, le morceau est écrit dans le mode mineur. Si elle n'existe pas, le morceau est écrit dans le mode majeur.

6. L'exercice tonal, majeur ou mineur, doit toujours précéder l'étude d'un morceau.

Exemple 34.

Exercice tonal qu'il faut savoir ***vocaliser*** parfaitement avant de le ***solfier*** dans les différentes tonalités. Sa forme est toujours la même ; mais, suivant le point de départ, le nom des notes varie[1].

MODE MAJEUR

Gamme diatonique majeure.

Accord parfait. | Accord de 4tes et 6tes sur la tonique.

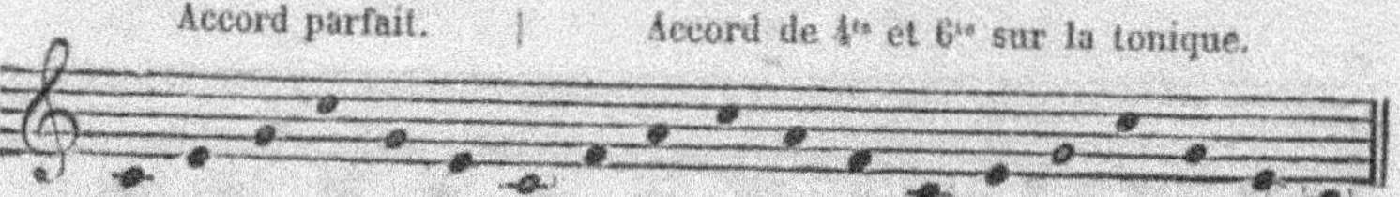

Accord parfait. | Acc. de 4tes et 6tes. | Ac. de 7e sur la dom. et retr à la toniq.

Intervalles.

MODE MINEUR

Gamme diatonique mineure. — *Première manière.*

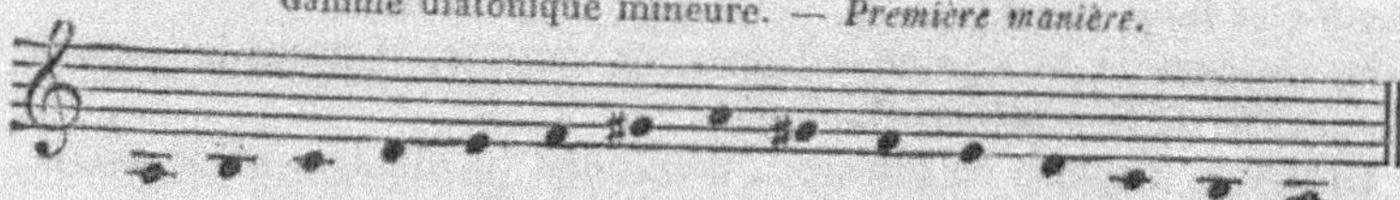

[1] Cet exercice est absolument indispensable aux élèves pour faire des progrès rapides et arriver à la connaissance des premiers éléments de l'harmonie. L'auteur y attache une telle importance qu'il recommande tout spécialement de ne pas passer outre avant de le posséder parfaitement dans les deux modes, en vocalisant.

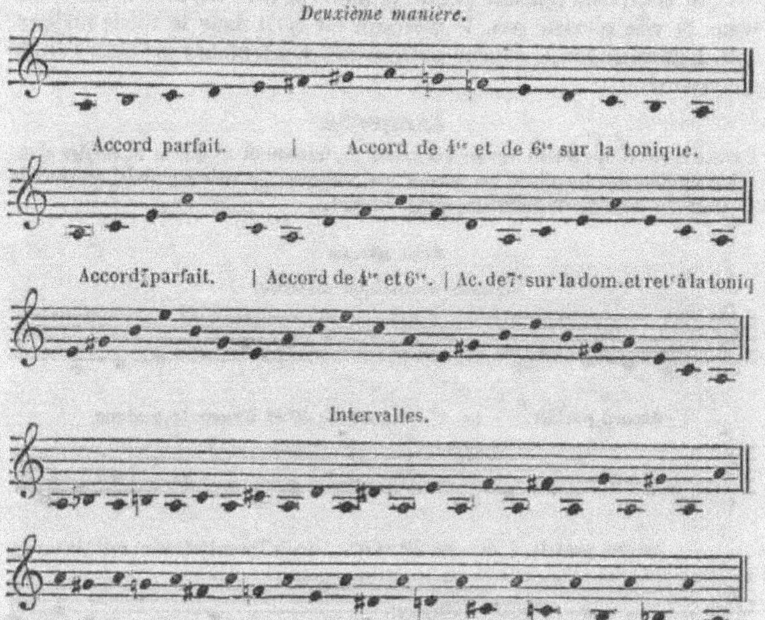

7. Dans la musique à plusieurs parties, la plus grave se nomme la *basse*, et la dernière note de cette *basse* est invariablement la tonique.

8. Le meilleur moyen pour découvrir le mode en cas d'incertitude est de former, avec les premières notes du morceau, des fragments de gamme ou des accords parfaits[1], qui fixent la tonalité. Pour cela il faut avoir égard aux signes de la clef et se souvenir qu'un morceau commence toujours par l'une des trois notes de l'accord parfait de la tonique.

9. On peut encore chercher les intervalles caractéristiques du mode et du ton. Le quatrième et le septième degrés donnent la quarte augmentée et la quinte diminuée, en majeur et en mineur.

Le sixième et le septième degrés, en mineur, donnent la seconde augmentée et la septième diminuée.

La tierce, majeure ou mineure, détermine infailliblement le mode.

[1] Le modèle de l'accord parfait est donné par l'ensemble ou la succession de la *tonique*, la *médiante*, la *dominante*. Il est formé de deux tierces, dont l'une est majeure, l'autre mineure. Si c'est la première des deux qui est majeure, l'accord parfait est majeur; si, au contraire, la première tierce est mineure, l'accord parfait est mineur.

10. Il y a des degrés intermédiaires, dont la présence n'influe pas sur la tonalité. Ces degrés, employés accidentellement, n'existent que pendant une mesure, au plus.

Exemple 35.

Autre exemple.

11. Cependant, si ces degrés intermédiaires font éprouver de l'incertitude, il faut avoir recours aux notes de l'accompagnement.

DEVOIR.

XVIIIe LEÇON (XXVIe DE LA PARTIE DU MAÎTRE)

De la modulation.

CORRECTION, RÉCITATION ET EXERCICE PRATIQUE.

1. Moduler c'est changer de mode ou de tonalité.

2. Le caractère d'une tonalité principale doit dominer dans un morceau, mais on peut s'éloigner sensiblement de cette tonalité principale et y revenir par des modulations.

3. Il y a modulation lorsque la tonalité change d'une manière durable.

4. Les modulations les plus usitées sont celles qui transportent le caractère tonal à la quinte juste supérieure ou à la quinte juste inférieure, ou celles qui font passer du majeur au mineur, et réciproquement.

5. Pour moduler à la quinte juste supérieure, on remplace le quatrième degré par celui du même nom, qui est un demi-ton au-dessus.

6. Pour moduler à la quinte juste inférieure, on remplace le septième degré par celui du même nom qui est un demi-ton au-dessous.

7. Pour moduler, du majeur au mineur, on introduit la note sensible du mode mineur. Ex. : de *do* majeur en *la* mineur on introduit le *sol* dièse.

8. Du mineur au majeur relatif, on supprime la note sensible du mode mineur. Ex. : de *la* mineur en *do* majeur on remplace *sol* dièse par *sol* bécarre.

9. Une tonalité majeure peut devenir mineure par le changement de la tierce et de la sixte, et réciproquement. Ex. : *do* majeur devient *do* mineur si l'on change *mi* en *mi* bémol, *la* en *la* bémol.

10. Il y a des modulations passagères, c'est-à-dire qui n'altèrent pas assez longtemps la tonalité pour la faire oublier.

11. Ces modulations passagères se font ordinairement dans les tonalités les plus voisines du ton principal, soit dans celle qui part du même degré, soit dans celles qui ne diffèrent avec le ton principal que d'un dièse ou d'un bémol.

Ex. : De *do* majeur en . . . {
sol majeur ou en *mi* mineur.
fa majeur ou en *ré* mineur.
la mineur.
do mineur.

12. Chaque tonalité principale se trouve donc entourée de cinq autres tonalités qu'on appelle relatives, à cause de leur voisinage immédiat, et l'on peut, de plus, changer de mode sans changer de tonique.

13. On doit remarquer que ces différentes tonalités relatives ont toutes au moins cinq notes communes avec la tonalité principale. Il y a donc aussi, entre cette dernière et les autres, une sorte de parenté.

Exemple 36.

14. Les signes qui déterminent des modulations durables sont visibles plus longtemps que ceux qui déterminent des modulations passagères.

DEVOIR.

XIXe LEÇON (XXVIIe DE LA PARTIE DU MAÎTRE)

Écriture musicale (classification des voix et des instruments sur les clefs.

CORRECTION, RÉCITATION ET EXERCICE PRATIQUE.

1. Il y a des voix et des instruments graves pour lesquels la musique s'écrit sur la clef grave.

Des voix et des instruments du médium pour lesquels on emploie la clef du médium.

Des voix et des instruments aigus pour lesquels on emploie la clef aiguë.

2. Les clefs étant classées par ordre d'élévation ainsi qu'il suit :

Exemple 37. — POINT DE COMPARAISON.

Les voix et les instruments suivaient autrefois le même ordre.

3. Tableau des voix suivant le classement précédent :

6. Basse-taille, voix d'homme, la plus grave ;

5, Baryton, *id.* entre la basse et le ténor ;
4. Ténor ou taille, *id.* la plus haute ;
3. Haute-contre ou contr'alto, autrefois voix de ténor, factice, aujourd'hui voix grave de femme ou d'enfant;
2. Mezzo-soprano, ou second dessus ; entre le contralto et le soprano (voix de femme ou d'enfant) ;
1. Soprano, ou premier dessus; chantant la partie du dessus ou la plus élevée; voix aiguë de femme ou d'enfant. (*Voyez l'ex.* 38.)

Exemple 38. — Étendue ordinaire des voix (treize notes).

4. On écrit aujourd'hui la partie de basse, 6, et celle de baryton, 5, sur la clef de *fa*, quatrième ligne ; le ténor, 4, sur la clef de *do*, quatrième ou sur la clef de sol, qu'il chante une octave au-dessous ; le contralto, 3, sur la clef de *do* troisième, ou sur la clef de *sol;* le second, soprano, 2, et le premier soprano, 1, sur la clef de *do* première ligne, ou la clef de *sol* seconde.

Exemple 39.

On écrit, plus souvent encore, suivant l'exemple 40 ;

Exemple 40.

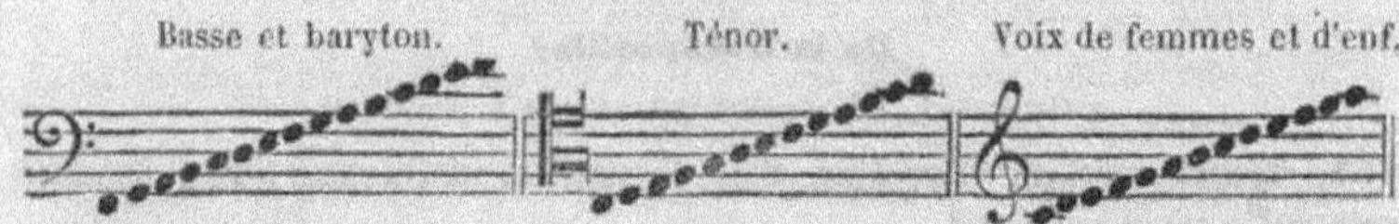

5. Tableau des catégories d'instruments, avec l'indication des clefs sur lesquelles on écrit leur partie.

Instruments	**à air ou à vent.**	**à cordes.**	**à percussion.**
Les plus étendus exigent deux clefs: celle de *fa* 4e ligne, et celle de *sol* 2e ligne.	Orgue, Harmonium.	Harpe.	Piano.
aigus. Clef de *sol* 2e ligne.	Fifre, petite Flûte, petit Bugle, petite Clarinette, Flageolet, Flûte, Bugle, Hautbois, Clarinette, Saxophone soprano, Cornet, Trompette claire ou Clairon, etc.	Violon, Mandoline, etc.	Clochettes, Pavillon chinois, etc.
intermédiaires. Clefs de *do* 4e, 3e et 2e lignes; clef de *sol* 2e ligne, à l'octave inférieure.	Cornet à piston, Cor anglais, Trompette à cylindres, Cor à pistons, Cor d'harmonie, Saxophones alto, ténor et baryton; Saxhorns ténor et baryton, Trombones alto et ténor.	Alto ou Viola, Cithare, Guitare, etc.	Tambour de basque, Castagnettes, Tambour, Cymbales, Cloche, Caisse claire, etc.
graves. Clef de *fa* 4e ligne et quelquefois clef de *sol* 2e ligne, à deux octaves et plus au-dessous.	Saxophone basse, Saxhorn basse en *si* bémol, Trombone basse, Basson, Serpent, Ophicléide, Contrebasson, Saxhorn contrebasse en *mi* bémol et en *si* bémol.	Basse ou Violoncelle et Contrebasse.	Caisse roulante, Tambourin, Tam-tam, Grosse Cloche, Grosse Caisse, Timballes.
Il y en a encore une infinité d'autres, plus ou moins anciens. Ceux-ci sont les plus usités, principalement en France.			

DEVOIR.

XXe LEÇON (XXVIIIe DE LA PARTIE DU MAÎTRE)

De la transposition.

CORRECTION, RÉCITATION ET EXERCICE PRATIQUE.

1. Transposer un morceau, c'est l'exécuter dans une autre tonalité que celle où il est écrit.

2. Un morceau écrit pour une voix aiguë ne peut être chanté par une voix grave sans être transposé, et réciproquement.

Il en est de même pour les instruments.

3. Il y a deux manières de transposer : 1° en écrivant les notes plus haut ou plus bas, suivant la nécessité, et en changeant les signes de la tonalité.

Exemple 41.

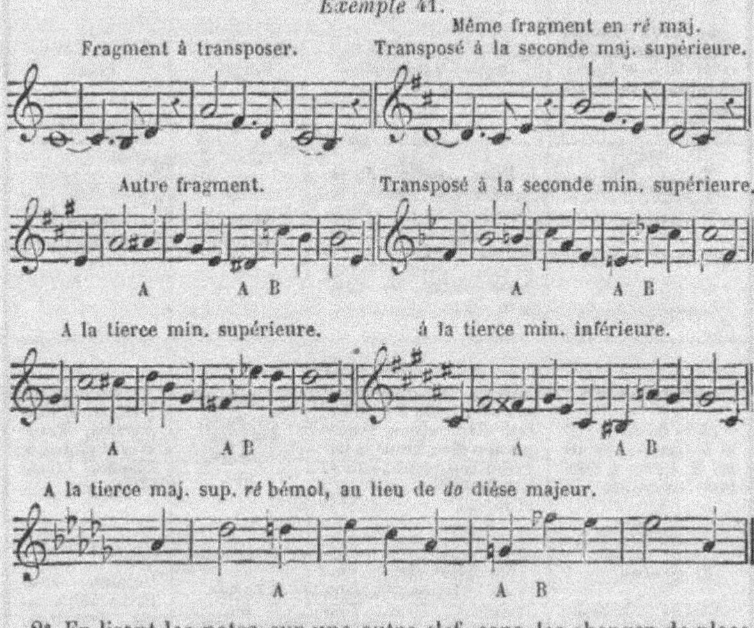

2° En lisant les notes sur une autre clef, sans les changer de place, et en supposant une autre tonalité.

Exemple 42.

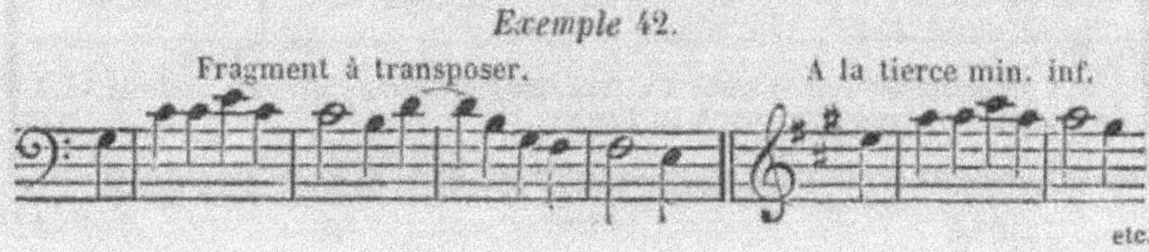

A On le chante à cette octave.

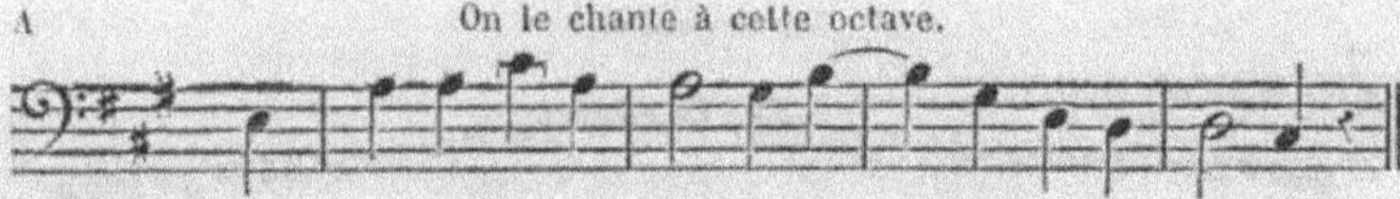

4. Les rapports des sons doivent toujours être conservés dans la transposition.

5. Les signes accidente's, quoique changeant quelquefois de figure par le changement de tonalité, doivent cependant représenter des degrés intermédiaires équivalant à ceux du modèle.

6. Dans la transposition, il peut arriver qu'une clef grave représente des sons aigus, et réciproquement. Il faut alors faire abstraction de la relation des clefs entre elles et exécuter suivant l'étendue de la voix ou de l'instrument que l'on possède. *Ex*. 42 A.

7. Ce n'est pas transposer que transcrire un morceau dans la même tonalité sur une clef mieux connue.

Exemple 43.

Transcription.

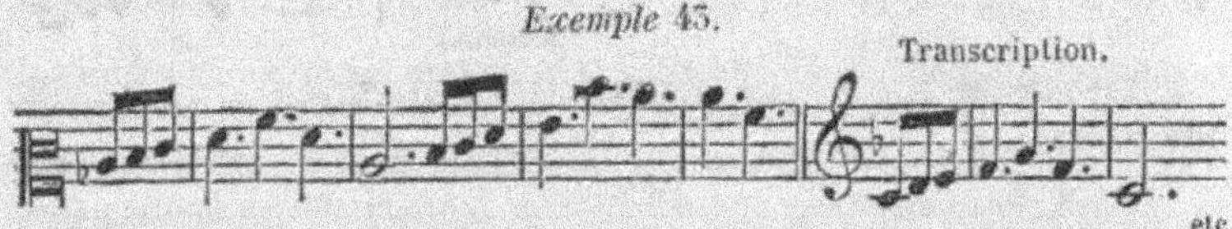

etc.

8. Les signes de la tonalité ne peuvent rester les mêmes dans la transposition d'un morceau, excepté pour un simple changement à l'octave supérieure ou inférieure.

Exemple 43 bis.

Même fragment à l'octave supérieure.

DEVOIR.

XXIe LEÇON (XXIXe DE LA PARTIE DU MAÎTRE)

De l'enharmonie.

CORRECTION, RÉCITATION ET EXERCICE PRATIQUE.

1. Les degrés chromatiques pouvant être représentés par des notes diésées ou par des notes bémolisées, il en résulte que le même son peut avoir deux noms différents.

Exemple 44.

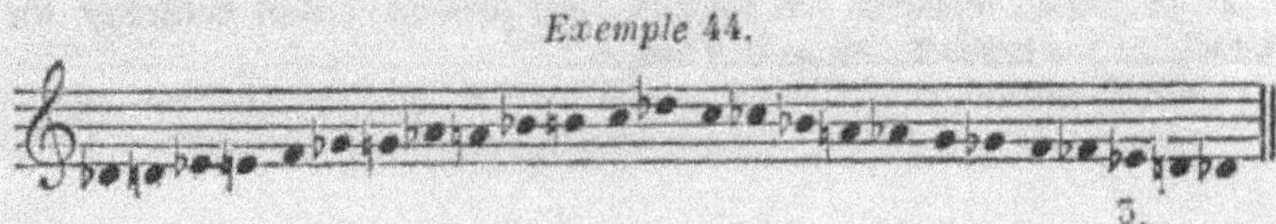

Même gamme.

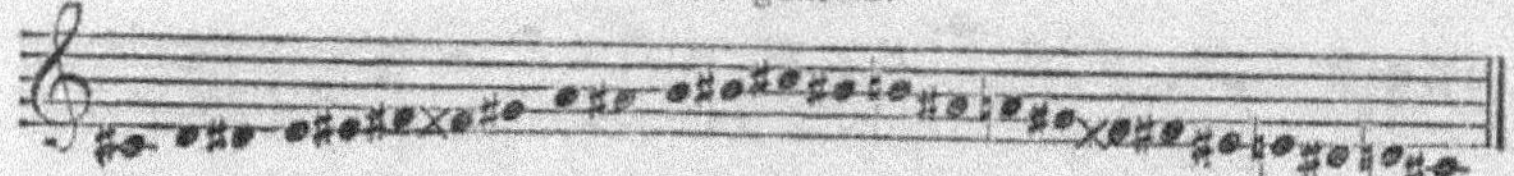

2. Ces notes se nomment *synonymes* ou *enharmoniques*.

3. Elles servent à simplifier l'exécution par la substitution d'une tonalité plus facile à une autre qui serait chargée d'accidents.

Exemple 45.

4. On nomme *genre enharmonique* celui dans lequel on emploie ces substitutions.

DEVOIR.

XXIIe LEÇON (XXXIe DE LA PARTIE DU MAÎTRE)

Écriture musicale, accentuation, etc.

CORRECTION, RÉCITATION ET EXERCICE PRATIQUE.

1. Un grand nombre de signes sont usités dans l'écriture musicale. Il faut les observer avec un soin rigoureux.

2. Voici les principaux :

1° La liaison, *coulé* ou *legato*, qui unit plusieurs sons entre eux.

Exemple 46.

2° Le *piqué*, détaché, ou *staccato*, qui produit l'effet contraire en détachant les notes les unes des autres.

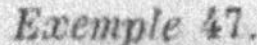
Exemple 47.

3. Le point bref, qui indique un son aussi court que possible.

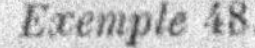
Exemple 48.

4. Le point rond, un son moins bref.

Exemples 49 *et* 50.

5. Plusieurs points réunis par une ligne courbe indiquent une suite de sons détachés, mais encore moins isolés que les précédents. *Ex.* 50.

6. L'accent >, qui indique une note plus marquée que les autres.

7. Il est plus incisif quand il a cette forme ∧. *Ex.* 51 et 51 *bis*.

Exemples 51 *et* 51 *bis*.

8. Celui-ci, *Ex.* 52, veut dire qu'il faut augmenter.

Exemple 52.

Celui-ci, *Ex.* 53, veut dire le contraire.

Exemple 53.

9. Les deux réunis, *Ex.* 54, signifient qu'il faut commencer avec douceur, augmenter et diminuer ensuite.

Exemple 54.

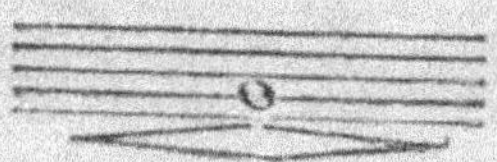

10. Pour abréger, on se sert souvent du renvoi, *Ex.* 55, qui fait reprendre le même passage à un autre endroit du morceau.

Exemple 55.

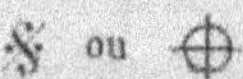

11. Les mots *Da capo*, ou D. C., signifient qu'il faut revenir au commencement.

12. *Da capo sino al fine, senza repetizione* ; Il faut recommencer et aller jusqu'à la fin sans reprise.

13. *Al segno :* au signe

14. *Col la parte* : avec la partie		
15. *Col la voce* : avec la voix	} lorsqu'on accompagne.	
16. *Col canto* : avec le chant		
17. *Col solo* : avec le solo		

18. La reprise est une période qu'il faut recommencer. On l'indique par deux grosses barres verticales précédées de deux points, si la reprise est avant, et suivies de deux points, si la reprise est après.

Exemple 56.

Reprise de la partie du morceau qui précède les points.

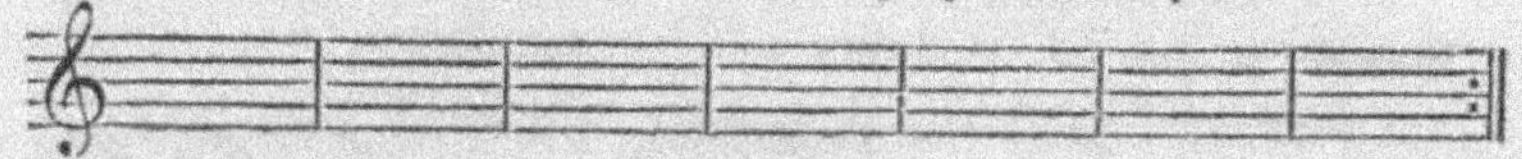

Reprise de la période qui suit les points.

Reprise avant et reprise après les points.

19. Lorsque la fin d'une reprise ne peut pas s'enchainer avec ce qui suit, on substitue une autre terminaison à la première au moment où l'enchainement doit avoir lieu. C'est ce qu'on indique par les mots : 1re fois, 2e fois. Il ne faut jamais exécuter les deux terminaisons l'une après l'autre.

Exemple 57.

20. On se sert d'un signe qu'on nomme accolade pour réunir plusieurs portées.

Exemple 58.

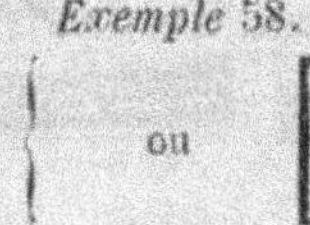

21. Il y a encore un grand nombre de signes particuliers à chaque instrument. Le détail en serait trop long. (On les trouve dans les méthodes spéciales.)

22. Voici des abréviations dont on se sert aussi.

Exemple 59.

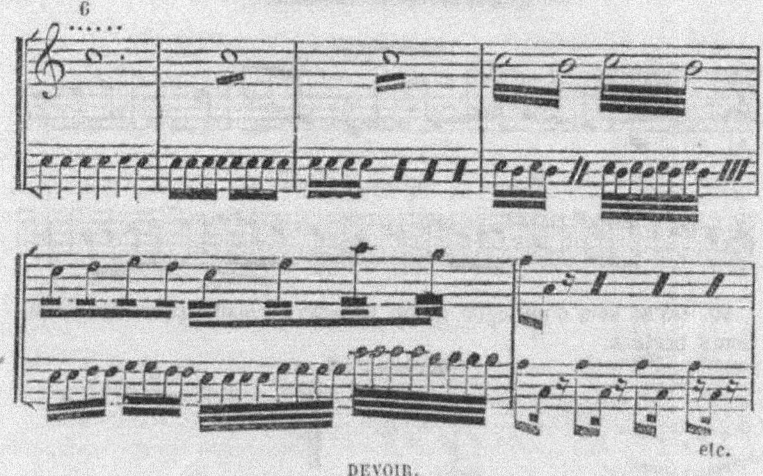

DEVOIR.

XXIIIe LEÇON (XXXIIe DE LA PARTIE DU MAÎTRE)

Du mouvement en général.

CORRECTION, RÉCITATION ET EXERCICE PRATIQUE.

1. Le mouvement est la vie de la musique.

2. Lorsque le son monte ou qu'il descend, le mouvement a lieu par le changement de place. *Ex.* 60, A.

3. Si le son se répète sans changer de place, le mouvement a lieu dans la durée B.

4. Soit qu'on augmente ou qu'on diminue la force du son, le mouvement a lieu dans l'intensité C.

5. Par l'accélération ou le ralentissement de la mesure, le mouvement a lieu dans le mouvement même D.

6. Quand deux parties montent ou descendent en même temps, le mouvement est semblable, E.

7. Si l'une demeure à sa place pendant que l'autre se meut, le mouvement est oblique, F.

8 Si l'une monte pendant que l'autre descend, *et vice versa*, le mouvement est contraire, G.

9. Si elles se répètent ensemble ou restent toujours à la même distance entre elles, le mouvement est parallèle, H.

Exemple 60.

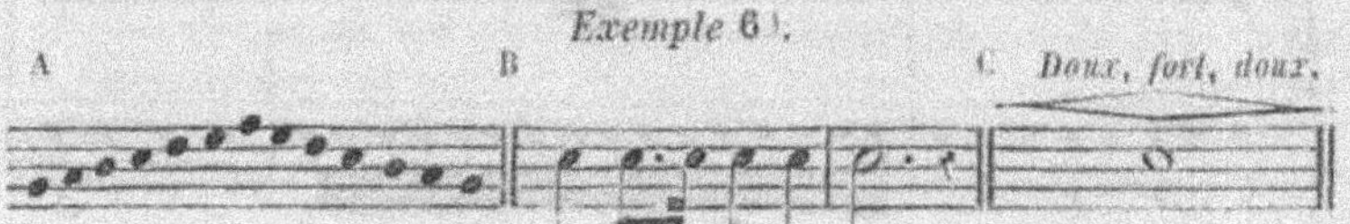

10. On emploie un très-grand nombre de mots italiens pour indiquer les différents mouvements. Voici les principaux, pour le mouvement dans la durée ;

11. *Mouvements lents.*

Largo.	qui signifie en	français. . .	large.
Lento.	—	—	lent.
Adagio.	—	—	posément, à l'aise.

Mouvements modérés.

Andante.	qui signifie en	français. . .	Plutôt lent que vif.
Moderato.	—	—	Modéré.
Allegretto.	—	—	Un peu animé.

Mouvements vifs.

Allegro.	qui signifie en	français. . .	vif, gai, animé.
Vivace.	—	—	vif.
Presto.	—	—	très-vif.

A tempo.	qui signifie en	français. . .	en mesure.
A tempo giusto. . . .	—	—	au mouvement juste.
Eguale.	—	—	égal.
Giusto.	—	—	juste.
Tempo.	—	—	temps.

12. Pour le mouvement dans l'intensité :

Crescendo	qui signifie en français. . .	en augmentant
Decrescendo. . . . . *Diminuendo*.	— —	en diminuant.
Piano ou *Dolce*. . . .	— —	doux.
Forte.	— —	fort.
Poco.	— —	peu.
Sforzando.	— —	en forçant.
Smorzando.	— —	en éteignant.
Morendo.	— —	en mourant.
Marcato.	— —	marqué.
Molto.	— —	beaucoup.
Vibrato.	— —	faites vibrer.

13. Pour le mouvement dans le mouvement même :

A Capriccio. . . . . . *Ad libitum*. . . . . . *A piacere*.	qui signifient en français. .	à volonté.
A poco a poco.	— —	peu à peu.
Assai.	— —	beaucoup.
Meno.	— —	moins.
Mosso.	— —	animé.
Con moto.	— —	avec mouvement.
Con calore.	— —	avec chaleur.
Con fuoco.	— —	avec ardeur, avec feu.
Non tanto.	— —	pas tant.
Non troppo.	— —	pas trop.
Quasi.	— —	presque.
Rubare.	— —	sans mesure.
Tanto.	— —	autant.
Tenuto. . . . . *Sostenuto*.	— —	soutenu.
Con rigore.	— —	avec rigueur.
Senza rigore.	— —	sans rigueur.
Stringendo. . . . . . *Stretto*. . . . . *Serrando*. . . . . . . *Alla stretta*.	— —	en pressant, en serrant.
Ritenuto.	— —	en retenant.
Rallentando.	— —	en ralentissant.
Slargando.	— —	en élargissant.
Calando.	— —	en diminuant.
Calmato.	— —	calmé.
Mancando.	— —	en cessant.
Fermata ou *Corona* 𝄐	— —	temps d'arrêt ou couronne, point d'orgue.

14. Pour indiquer le caractère de l'exécution :

Affettuoso.	qui signifie en	français. . .	affectueux.
Amabile.	—	—	aimable.
Con anima.	—	—	avec âme.
Ardito.	—	—	hardi.
Con ardore.	—	—	avec ardeur.
Con bravura.	—	—	avec hardiesse, vigueur.
Cantando. . . . . . . / *Cantabile.*	—	—	chantant.
Deciso.	—	—	décidé.
Dolento.	—	—	plaintif.
Con dolore.	—	—	avec douleur.
Con energia.	—	—	avec énergie.
Con garbo.	—	—	avec grâce.
Giocoso.	—	—	joyeux.
Con gusto.	—	—	avec goût.
Impeto.	—	—	impétueux.
Legato.	—	—	lié.
Leggiero.	—	—	léger.
Lusingando.	—	—	tendre, délicat, insinuant.
Mesto.	—	—	triste.
Nobile.	—	—	noble.
Obligato.	—	—	indispensable.
Portando.	—	—	en portant.
Quieto.	—	—	tranquille, doux.
Con rabbia.	—	—	avec rage.
Scherzando.	—	—	en badinant.
Sciolte.	—	—	libre, dégagé.
Spirito.	—	—	avec esprit.
Strepito.	—	—	avec fracas.
Tremolo.	—	—	tremblement.

15. En voici encore d'autres qu'on emploie souvent :

Appoggiatura.	note qui s'appuie.	*Loco.*	au lieu même.
Arco.	archet	*Maggiore, minore.* . .	majeur, mineur.
Aria, arietta, arioso.	air, petit air, grand air.	*Ossia.*	aussi.
Arpeggio.	*arpéges.*	*Più.*	plus.
Attacca subito. . . .	attaquez de suite.	*Pizzicato.*	en pinçant.
		Poï.	Et puis, après.
		Primo.	premier.
Cadenza.	chute de phrase	*Replica.*	reprise.
Canto fermo.	plain-chant.	*Segue.*	il suit.
Coda.	queue, fin, terminaison.	*Sempre.*	toujours.
		Senza.	sans.

Da capo.	de la tête, du commencement.	*Simile*.	semblable.
		Sino.	jusque.
		Sopra.	au-dessus.
Mano destra ou *dritta*.	main droite.	*Sotto*.	au-dessous.
Mano sinistra. . . .	main gauche.	*Tacet*.	taisez-vous.
Divisi ou *divis*. . . .	divisés.	*Tasto*.	touche.
Due a due.	deux à deux.	*Tutti*.	tous.
Fine.	fin.	*Ultima voltà*. . . .	dernière fois.
Istesso ou *stesso*. . .	le même.	*Unisono*.	unisson.

16. Les mots italiens indiquant le mouvement de la mesure d'une manière assez vague, on a inventé un instrument appelé *Métronome*, qui détermine exactement la lenteur ou la vitesse des temps. La blanche égale 60, la noire égale 132, etc., sont des indications beaucoup plus précises, parce que le nombre des valeurs indiquées correspond à celui des coups frappés par le balancier dans la durée d'une minute.

Exemple 61.

𝅗𝅥 = 60, ♩ = 132, etc.

DEVOIR.

XXIVe LEÇON (XXXIIIe DE LA PARTIE DU MAÎTRE)

Écriture musicale; petites notes.

CORRECTION, RÉCITATION ET EXERCICE PRATIQUE.

1. On appelle : *petites notes*, toutes celles qui, sous forme de groupes, de fioritures, de notes d'agrément, ou roulades, ne comptent pas dans la mesure.

2. On prend le temps de les exécuter soit avant, soit après les grosses notes qu'elles accompagnent.

3. L'*accaciatura*, ou note écrasée, se brise rapidement sur la grosse note suivante.

Exemple 62.

Effet réel comme mesure.

4. L'*appoggiatura*, ou note appuyée, ne porte point de barre, elle s'ap-

puie sur la grosse note suivante, lui prend la moitié de sa valeur, et même les deux tiers si cette grosse note est pointée.

On écrit aussi l'appoggiature avec sa valeur réelle. Ex. 63, A.

5. Un groupe de trois ou quatre petites notes s'indique souvent par le signe ∼. On le place sur les notes et après les notes.

Quand il est au-dessus d'une note, le groupe commence par le degré supérieur à cette note.

Exemple 64.

Quand il vient après, il tourne autour de la grosse note et va joindre rapidement la suivante.

Exemple 65.

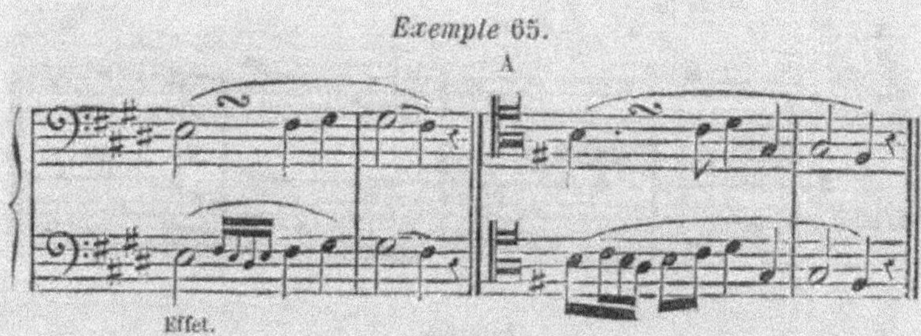

6. D'autres groupes s'exécutent vivement et avant la grosse note.

Exemple 66.

7. D'autres s'exécutent après.

Exemple 67.

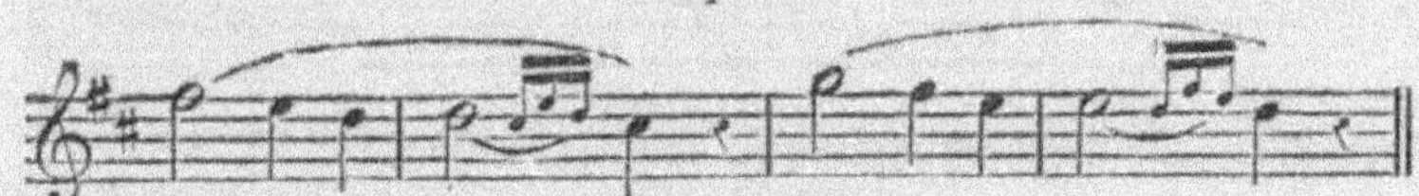

8. Le trille, *tr* ou tr ∿∿∿ appelé aussi cadence, parce qu'il se faisait autrefois à la fin de chaque phrase, est le battement rapide d'une note avec celle qui est un degré au-dessus. On le commence souvent avec lenteur, pour augmenter graduellement la vitesse, et on le termine presque toujours par un groupe de deux ou trois petites notes.

***Exemple* 68.**

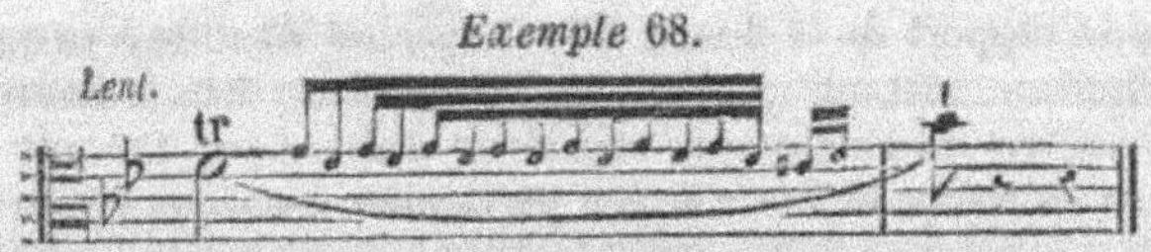

On le commence aussi avec rapidité, dans les mouvements vifs.

Exemple 69.

9. Les traits d'exécution placés sous les points d'orgue s'écrivent aussi en petites notes.

Exemple 70.

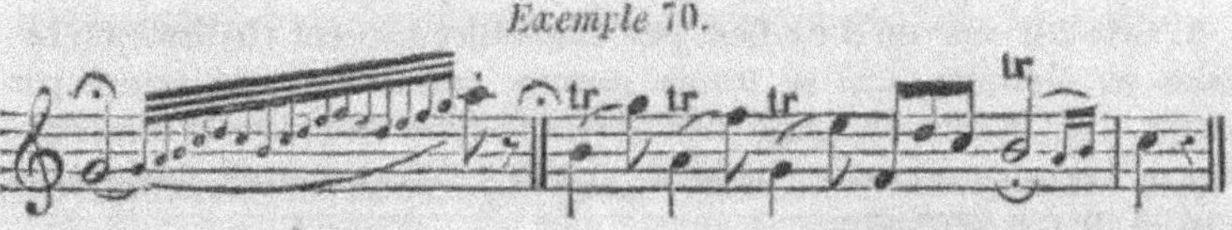

10. Lorsqu'on solfie (solfier, c'est nommer les notes en les chantant),

on ne nomme pas les notes d'agrément. Il faut cependant les faire entendre avec le nom de la grosse note. (Cette règle n'est bonne à observer que pour les groupes rapides et le trille. Elle s'appliquait autrefois aux appoggiatures et aux notes de passage, parce que ces notes ne font pas partie des accords de l'accompagnement.)

DEVOIR.

DU TEMPS

XXVe LEÇON (XXXIVe DE LA PARTIE DU MAÎTRE)

Du rhythme.

CORRECTION, RÉCITATION ET EXERCICE PRATIQUE.

1. Sous le rapport de la durée, la musique est soumise à ce qu'on appelle le *rhythme*, mot qui signifie ordre et symétrie dans le mouvement.

2. La symétrie du rhythme se manifeste d'abord par l'accent binaire ou ternaire du temps et le caractère particulier à chaque mesure.

3. Cette symétrie se retrouve ensuite dans les proportions des phrases, des périodes et des grandes divisions du discours musical.

4. On nomme accent rhythmique le retour du temps fort dans chaque mesure. L'accent rhythmique est binaire ou ternaire.

5. L'accent rhythmique peut être modéré, vif ou lent. Il peut comprendre plusieurs temps réunis, ou diviser un seul temps en deux ou trois parties.

6. Toutes les combinaisons de durées peuvent être décomposées par l'accent rhythmique binaire ou ternaire.

7. On désigne aussi le caractère particulier de certains morceaux par le mot rhythme, ainsi on dit : le rhythme du menuet, de la valse, de la polka, de la schottisch, de la mazurka, de la redowa, de la bohémienne, de la varsovienne, de la sicilienne, de la polonaise, de la gigue, de la chacone, de la tarentelle, de la saltarelle, de la charge, de la marche guerrière, de la marche funèbre.

On dit rhythme martial, sauvage, mélancolique, triste, monotone, etc.

8. Cela fait voir qu'il ne faut pas confondre l'accent rhythmique binaire ou ternaire, qui se trouve mesure par mesure, ou temps par temps, avec le mot rhythme, dont la signification embrasse la construction de la phrase musicale, tantôt de deux en deux mesures, quelquefois huit et même davantage.

DEVOIR.

XXVIe LEÇON (XXXVe DE LA PARTIE DU MAÎTRE)

Du rhythme.

CORRECTION, RÉCITATION ET EXERCICE PRATIQUE.

1. La phrase musicale est une succession de sons formant un sens complet.

2. Chaque phrase peut se diviser en demi-phrases, ponctuées par des repos ou demi-repos.

3. Il y a des phrases de quatre et de huit mesures. Il y en a de six et de douze. On en trouve de cinq, de sept, etc.

4. Les phrases finissent ordinairement par une chute qu'on appelle demi-cadence ou cadence.

5. La demi-cadence laisse deviner une suite. La cadence ne laisse rien à désirer.

6. Plusieurs phrases forment une période. Chaque période est ordinairement terminée par une cadence parfaite.

7. La terminaison d'une phrase est masculine lorsque l'accent rhythmique se trouve sur la toute dernière note.

Exemple 71.

Terminaison masculine.

8. La terminaison est féminine lorsque l'avant-dernière note porte l'accent rhythmique et se lie à la dernière comme à une syllabe muette.

Exemple 72.

Féminine.

Féminine.

9. Lorsque les notes sont accompagnées de paroles, la terminaison de la phrase musicale doit être absolument d'accord avec celle des rimes, qui est aussi masculine ou féminine.

10. Phraser c'est assembler les mesures en ne s'arrêtant que lorsque le sens musical indique un demi-repos ou un repos complet.

11. Le musicien médiocre lit *mesure par mesure*. Celui qui sait phraser exécute phrase par phrase et en mesure. C'est alors que le temps fort est remplacé par le véritable rhythme, celui qui donne à la phrase son caractère doux, énergique ou violent, majestueux ou vif, tranquille ou entraînant.

12. On dit en parlant d'une phrase: la phrase principale, une phrase incidente; une phrase interrogative, suspensive, une phrase chantante, etc.

DEVOIR.

DU SON ET DU TEMPS

XXVIIe LEÇON (XXXVIe DE LA PARTIE DU MAÎTRE)

De la mélodie.

CORRECTION, RÉCITATION ET EXERCICE PRATIQUE.

1. La mélodie est le dessin qui forme le fond du discours musical.

Lorsque la mélodie est isolée, l'oreille ne perçoit qu'un son à la fois.

2. Une mélodie peut cependant être accompagnée sans cesser de porter ce nom.

3. On dit : une belle mélodie, un beau chant, une belle cantilène, pour désigner la partie qui se distingue des autres par le beau caractère de son dessin musical.

4. C'est dans la mélodie qu'il faut chercher la ponctuation musicale. En suivant son dessin on le voit monter, descendre, se diviser en fragments égaux comme des demandes et des réponses, de deux en deux, de quatre en quatre mesures, ou autrement, avec des terminaisons presque toujours analogues. C'est surtout par cette étude qu'on arrive à comprendre le sens d'un morceau.

5. Une mélodie est simple lorsqu'elle ne contient aucun ornement étranger, comme les appoggiatures, les petites notes en général, et les notes de passage. Dans cet état, si elle est accompagnée, toutes ses notes font partie des accords de l'accompagnement, et on ne peut rien en retrancher sans la rendre inintelligible.

6. Elle est ornée lorsque ses notes principales sont entourées de broderies, petites notes, groupes ou autres ornements. Ainsi, il est possible de réunir les notes disjointes par des notes de passage chromatiques ou diatoniques.

Ces notes de passage ne peuvent s'écrire que par degrés conjoints, entre les notes qui font partie des accords.

On peut broder une mélodie en entourant d'ornements ses notes principales. (*Voy.* l'Ex. 73.)

Exemple 73.

Phrase de 8 mesures.

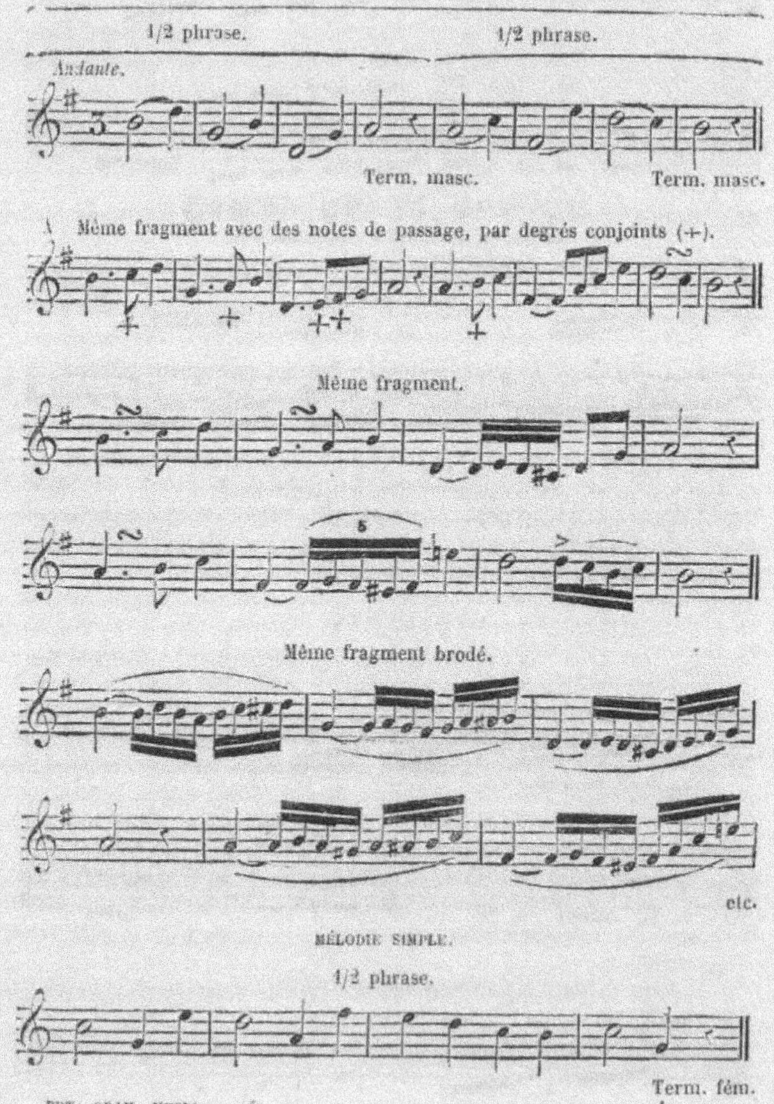

Term. fém.

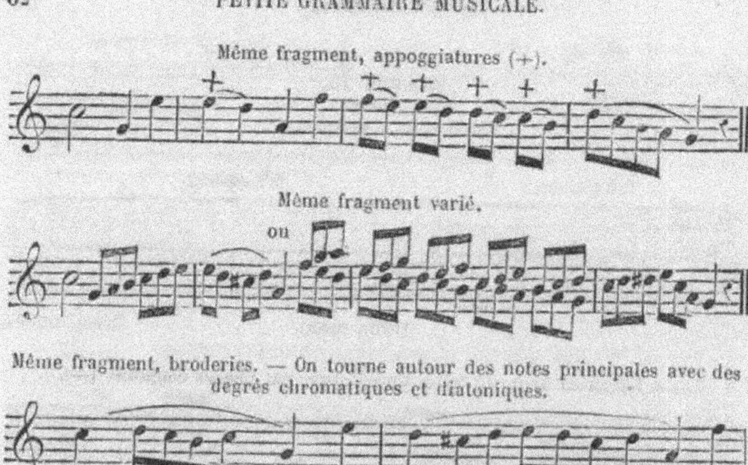

7. Cependant toutes ces notes de passage, appoggiatures ou broderies, ne font pas partie des accords de l'accompagnement.

8. On peut aussi simplifier une mélodie et lui enlever tous ses ornements sans la modifier beaucoup. (Ce moyen est excellent pour parvenir à analyser un morceau.) (*Voy.* l'Ex. 74.)

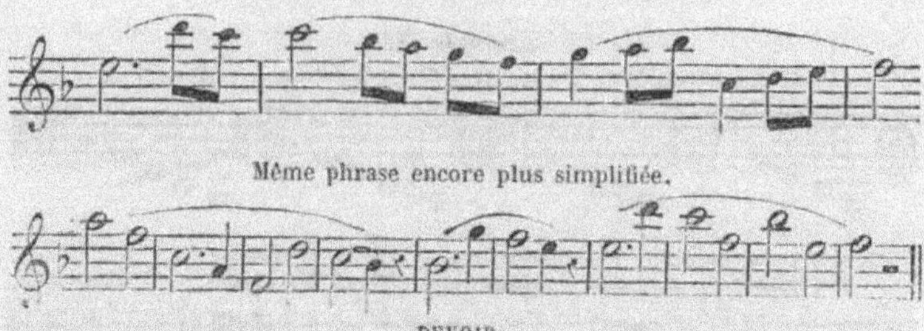

DEVOIR.

XXVIIIe LEÇON (XXXVIIe DE LA PARTIE DU MAÎTRE)

Notions élémentaires d'harmonie.

CORRECTION, RÉCITATION ET EXERCICE PRATIQUE.

1. On comprend, sous le nom d'harmonie, toutes les combinaisons musicales dans lesquelles l'oreille entend plusieurs sons à la fois.

2. Il faut au moins deux sons différents pour produire de l'harmonie.

3. Avec les notes de la gamme chromatique toutes les combinaisons sont possibles.

4. Avec celles de la gamme diatonique on en peut faire un très-grand nombre.

5. Lorsque les notes sont susceptibles d'être superposées par tierces, elles forment des accords.

6. Il y a des accords de trois sons, de quatre sons, de cinq sons.

Exemple 75.

7. Les premiers sont : l'accord parfait, majeur et mineur ; l'accord de quinte diminuée et celui de quinte augmentée.

Exemple 76.

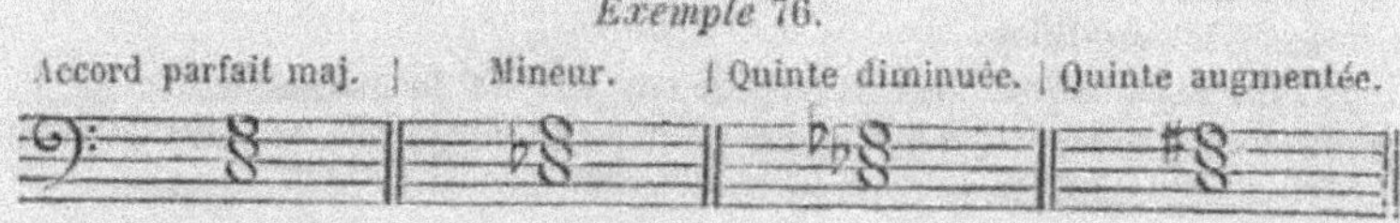

A transposer dans tous les tons.

8. Ceux de quatre sons comprennent quatre espèces d'accords de septième, plus l'accord de septième mineure avec quinte augmentée, ou avec quinte diminuée, et un accord de septième majeure avec quinte augmentée.

Exemple 77.

9. Ceux de cinq sons comprennent la neuvième dominante majeure et mineure [1], plus le premier de ces deux accords avec la quinte augmentée et la septième mineure ; avec la quinte augmentée et la septième majeure, et le deuxième avec la quinte augmentée ou avec la quinte diminuée.

Exemple 78.

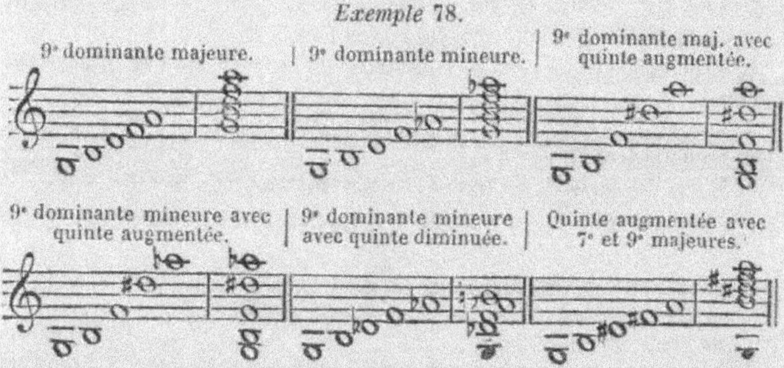

10. Ce sont les degrés de la gamme diatonique qui servent de base ou de fondamentale à tous ces accords, et les degrés chromatiques qui servent à les modifier.

11. On peut faire l'accord parfait sur les six premiers degrés de la gamme en prenant chaque degré pour point de départ de deux tierces inégales superposées, le tout au moyen des notes de la gamme.

12. Le septième degré ne porte que l'accord de quinte diminuée.

13. L'accord de septième dominante se place sur le cinquième degré. (Pour de plus grands détails, voir les traités d'harmonie.)

[1] Ce dernier produit l'accord de septième diminuée lorsqu'on lui enlève sa fondamentale (*Ex.* 77 A).

14. Les notes d'un accord peuvent être disposées de plusieurs manières sans que l'accord change de nom.

Exemple 79.

Accord parfait majeur de *do*.

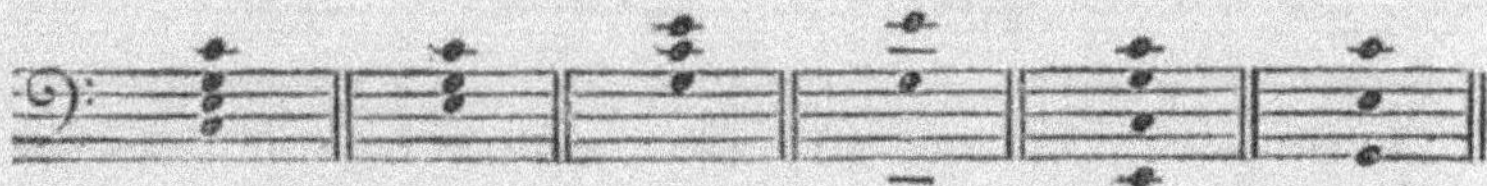

15. Cependant chaque changement de position est indiqué par un nom particulier.

16. La position est fondamentale quand c'est la plus grave des notes de l'accord qui est à la basse. Cette note s'appelle aussi la note fondamentale.

17. Lorsque c'est la seconde note de l'accord qui est à la basse, l'accord est dans le premier renversement.

18. Lorsque c'est la troisième note de l'accord qui est à la basse, l'accord est dans le deuxième renversement.

Exemples 80 *et* 81.

Position fondamentale. 1er renversement. 2e renversement.

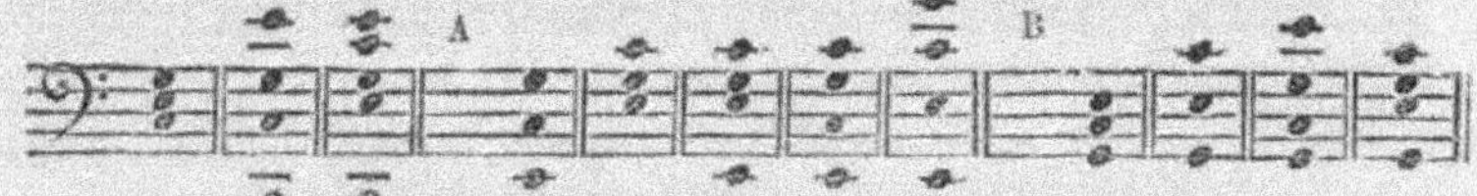

Note fondamentale. La tierce est à la basse. La quinte est à la basse.

19. Il y a donc autant de positions différentes pour un accord qu'il entre de notes différentes dans sa formation. Les accords de trois sons ont trois positions ; ceux de quatre sons, quatre positions, etc.

20. Pour abréger l'écriture des accords, on les désigne par une seule note surmontée d'un ou de plusieurs chiffres.

21. La partie qui porte les chiffres étant la plus basse, on la nomme *basse chiffrée*.

22. La position de l'accord est donc déterminée par la basse, quel que soit l'arrangement des notes supérieures. (*Ex.* 80 et 81.)

23. Les positions de l'accord parfait, majeur ou mineur, se chiffrent comme il suit :

Exemple 82.

La position fondamentale. Le 1er renversement. Le 2e renversement.

24. Celles de l'accord de quinte diminuée se chiffrent ainsi :

Exemple 83.

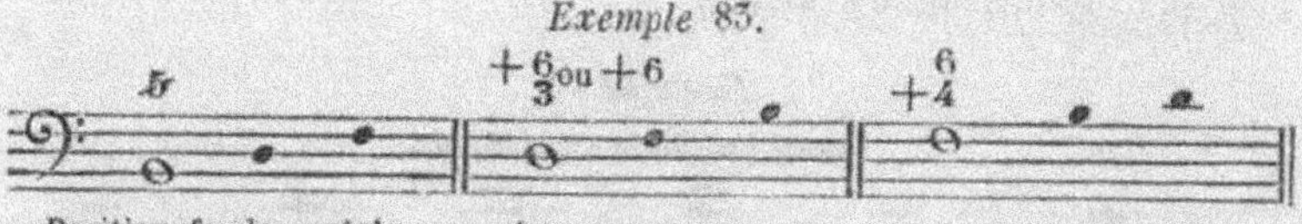

Position fondamentale. 1er renversement. 2e renversement.

25. Les notes d'un accord prennent aussi le nom de l'intervalle qu'elles forment avec la basse fondamentale. Ainsi, la plus grave se nommant *fondamentale*, la deuxième se nomme la *tierce*, la troisième se nomme la *quinte*, la quatrième se nomme la *septième*, la cinquième se nomme *neuvième*.

Exemple 84.

Fondle. Tierce. Quinte. Septième. Neuvième. Fondamentale.

26. On réalise les accords, soit par écrit, soit en lisant, à trois et à quatre parties.

27. Dans la réalisation, un accord ne peut être privé de sa tierce.

DEVOIR.

XXIXe LEÇON (XXXVIIIe DE LA PARTIE DU MAÎTRE)

Harmonie élémentaire.

CORRECTION, RÉCITATION ET EXERCICE PRATIQUE.

1. Dans une suite d'accords, il faut éviter ce qu'on appelle des quintes et des octaves de suite, *entre deux parties quelconques*.

Exemple 85.

2. L'intervalle de quarte, formé par une partie quelconque avec la basse, doit être préparé, soit par la basse, soit par cette partie, dans l'accord précédent.

Ex. 86. Si la préparation n'est pas possible, la quarte doit arriver par mouvement contraire avec la basse.

Exemple 86.

Bien. Quarte préparée. Quarte mal. Prépar. impossible.

Quarte préparée par la basse. Bien. Mouvemt contraire.

3. Les sons dont la préparation est nécessaire produisent des dissonances (qui résonnent durement). Les autres sont consonnants (dont la résonnance est agréable).

4. Les dissonances doivent finir ou se résoudre sur des consonnances, le mélange de ces deux éléments rend l'harmonie plus piquante.

5. On réalise ordinairement les parties supérieures dans une étendue praticable pour des voix. Ainsi la partie la plus élevée ne dépasse pas le *la* aigu, et la plus grave ne descend pas plus bas que le *fa* grave de la clef de *sol*. La basse peut seule parcourir presque deux octaves.

Exemple 87.

6. Les parties marchent ensemble par mouvement semblable, oblique, contraire ou parallèle. Le mouvement oblique et le mouvement contraire sont meilleurs, parce qu'ils permettent d'éviter plus facilement les quintes et les octaves de suite.

7. La position respective des parties supérieures peut être large, serrée ou mixte.

Exemple 88.

Position large ou espacée. Serrée. Mixte.

8. La cadence ou chute de phrase harmonique est une suite d'accords qui amène le repos, soit sur la tonique, soit sur la dominante. Il y a plusieurs sortes de cadences.

9. La cadence parfaite ou finale, produite par l'enchaînement des accords du cinquième et du premier degré, dans leur position fondamentale.

Exemple 89.

Cadences parfaites.

(1) (2) (3)

10. La cadence évitée, interrompue ou brisée, finit sur un accord renversé ou sur un accord inattendu. Cette dernière précipite l'arrivée de la cadence parfaite.

Exemple 90.

Cadence interrompue ou évitée.

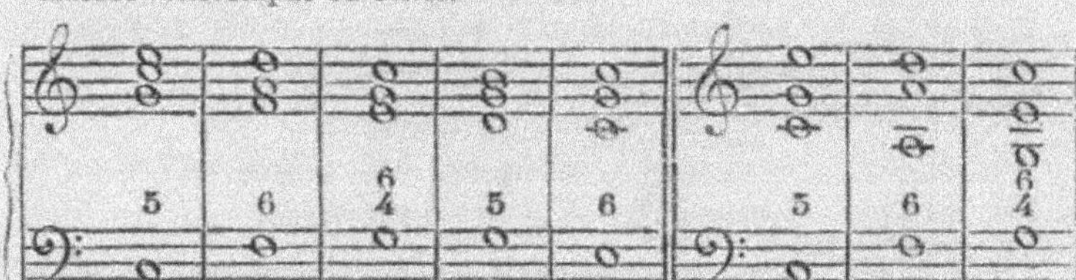

Cadence rompue ou brisée. Cadence parfaite.

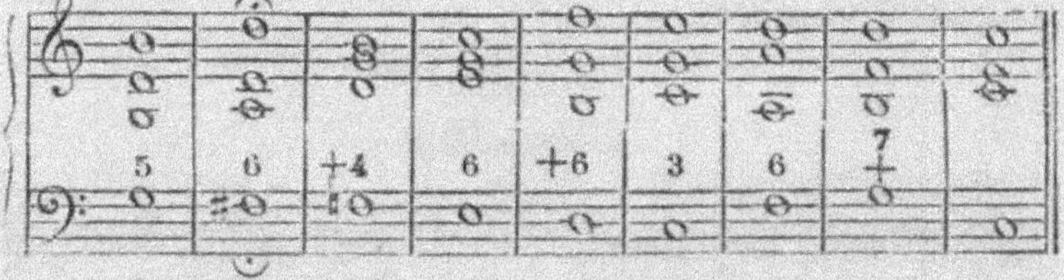

Accord imprévu.

11. La cadence plagale, employée dans le style sévère ou religieux. L'avant-dernier accord est sur un autre degré quelconque que le cinquième, et il peut être renversé.

Exemple 91.

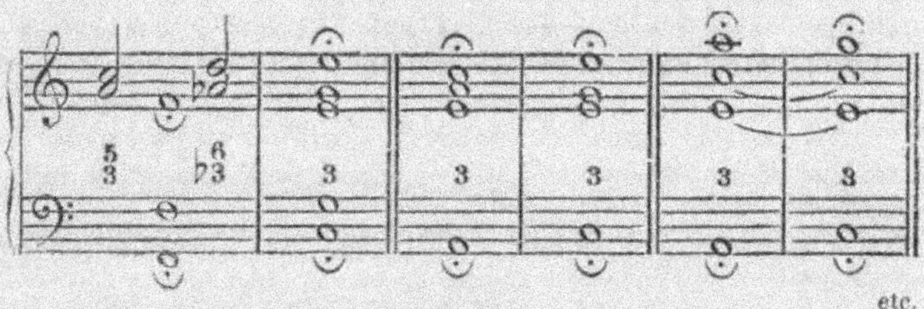

etc.

12. On peut enchaîner les accords parfaits de tous les degrés dans leur position fondamentale, excepté celui du troisième degré, pourvu qu'on évite les quintes et les octaves consécutives.
(Voy. l'*Ex.* 92).

13. Plusieurs premiers renversements sont permis de suite, pourvu qu'on mette la fondamentale à la partie supérieure.
(Voy. l'*Ex.* 92).

14. Il est défendu d'enchaîner plusieurs seconds renversements, à cause de la quarte avec la basse, et surtout parce que cet enchaînement altère la tonalité.

Exemple 92.

Accords fondamentaux.

5 5 5 5 5 5 6 6

A

Premiers renversements.

15. On doit choisir, pour la partie supérieure, les notes qui forment avec la basse des intervalles de tierce et de sixte, sans exclure cependant la quinte, l'octave et les dissonances préparées.

16. Les notes de la partie supérieure doivent toujours donner un chant ou une succession diatonique en rapport avec la gamme du ton.

17. Un morceau commence presque toujours par l'accord parfait de la tonique. Il doit toujours finir par cet accord dans sa position fondamentale.

18. Tous les accords qui ont au moins une note commune peuvent se succéder, à plus forte raison ceux qui en ont plusieurs.

DEVOIR.

XXXe LEÇON (XXXIXe DE LA PARTIE DU MAÎTRE)

Notions élémentaires d'harmonie ; accord de septième sur la dominante.

CORRECTION, RÉCITATION ET EXERCICE PRATIQUE.

1. L'accord de septième sur la dominante est un accord de quatre sons, formé de trois tierces superposées, dont la première est majeure et les deux autres mineures.

Exemple 95.

Résolutions naturelles et chiffrage de l'accord dans toutes les positions.

EXCEPTIONS.

A La sensible descend. B La 7e monte. La 7e monte. D E

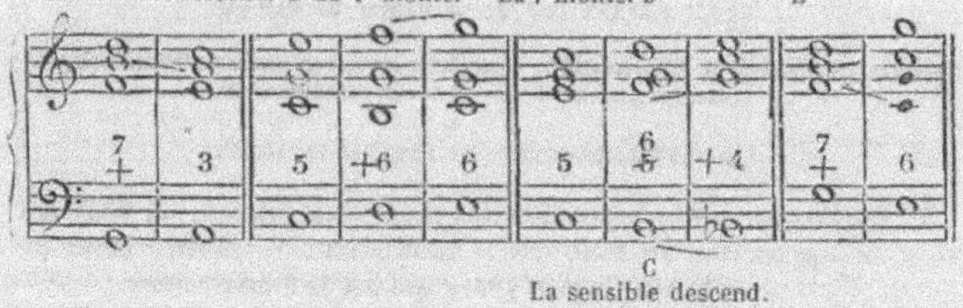

C
La sensible descend.

2. Les notes qui le forment donnent les intervalles de tierce majeure, quinte juste, et septième mineure avec la fondamentale, et prennent aussi les noms de fondamentale, tierce, quinte et septième, à raison de leurs positions respectives.

3. Cet accord se nomme aussi accord de septième de première espèce, parce qu'il n'a pas toujours la dominante pour fondamentale.

4. Les deux notes qui déterminent la tonalité (7e et 4e degrés de la gamme) remplissent les fonctions de tierce et de septième dans cet accord.

5. Leurs tendances opposées font désirer l'accord parfait de la tonique, et il en résulte une résolution naturelle, dans laquelle la tierce (note sensible) monte toujours à la tonique, et la septième (sous-dominante) descend toujours sur la médiante. La quinte monte ou descend. La fondamentale se dirige sur la tonique. (*Ex.* 93.)

6. Cette résolution de l'accord se fait donc à la quinte juste inférieure. Il peut aussi se résoudre différemment.

7. On peut moduler avec des accords parfaits, mais les tendances attractives sont bien plus complètes avec celui de septième dominante.

8. Par exception à la règle, la note sensible peut descendre, lorsque l'accord ne se résout pas sur celui de la tonique (*Ex.* 93, A, C), et la septième peut monter quand la basse monte d'un degré après le deuxième renversement. (*Ex.* 93 B.) Il y a encore d'autres exceptions. (*Ex.* 93 D,E.)

9. Dans la réalisation de l'harmonie, il ne faut pas, en général, sauter d'une note à la suivante par un intervalle plus grand que la quarte.

10. Lorsqu'on accompagne une mélodie avec une basse chiffrée, il ne faut pas dépasser le milieu de l'échelle musicale, à moins que la partie chantante ne soit une voix ou un instrument grave.

DEVOIR.

XXXIe LEÇON (XLe DE LA PARTIE DU MAÎTRE)

Notions élémentaires d'harmonie ; marches ou progressions harmoniques ; accompagnement par les renversements.

CORRECTION, RÉCITATION ET EXERCICE PRATIQUE.

1. Quelle que soit la disposition des notes d'un accord, on peut toujours, lorsqu'on veut en connaître la fondamentale, les superposer par tierces. C'est alors la note la plus grave qui est la fondamentale.

(Il faudra employer ce moyen pour connaître tous les accords dont l'étude ne peut trouver place ici.)

2. On appelle *marche* ou *progression harmonique* une succession d'accords qui se reproduit plusieurs fois d'une manière symétrique, et à des degrés différents.

3. On appelle *modèle* la succession qui est imitée une ou plusieurs fois.

4. Les progressions se font souvent avec des accords parfaits, et alors celui du troisième degré est admis.

5. Elles se font aussi avec des accords de septième. Ces dernières amènent presque toujours une cadence parfaite ou finale.

Exemple 94.

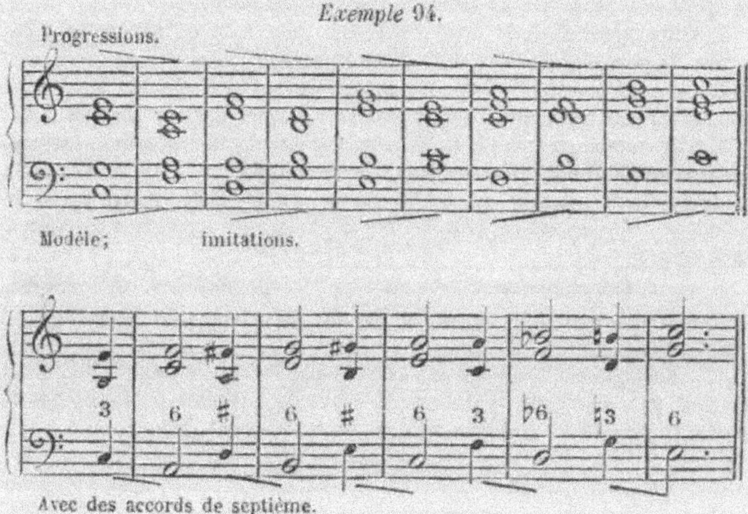

6. Le modèle doit être imité exactement. Cependant la symétrie peut être rompue dans la dernière reproduction.

7. Avec les progressions, on peut moduler dans les tons les plus éloignés.

Exemple 95.

8. En accompagnant une mélodie on peut se servir des accords fondamentaux, mais il est bien préférable de varier l'accompagnement en employant aussi des accords renversés.

Exemple 95.

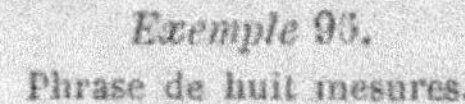

Phrase de huit mesures.

2 Autres accompagnements avec les mêmes accords renversés (+).

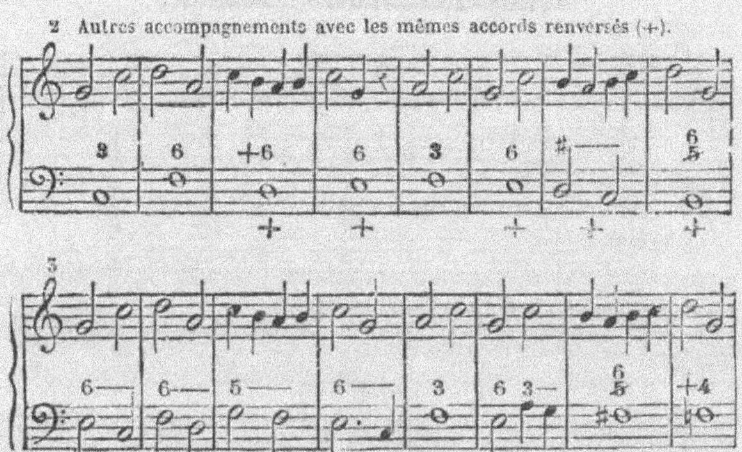

DEVOIR.

XXXIIe LEÇON (XLIe ET XLIIe DE LA PARTIE DU MAÎTRE)

Notions élémentaires d'harmonie ; accords mixtes, intermédiaires ou équivoques ; modulations ; fausses relations ; retards ou suspensions ; pédale, enharmonie ; divers accompagnements sous une même mélodie.

CORRECTION, RÉCITATION ET EXERCICE PRATIQUE.

1. On appelle *accords mixtes* ou *équivoques*, ceux qui peuvent faire partie de deux ou plusieurs tonalités. Ce sont ceux qu'il faut employer de préférence quand on veut moduler.

Exemple 97.

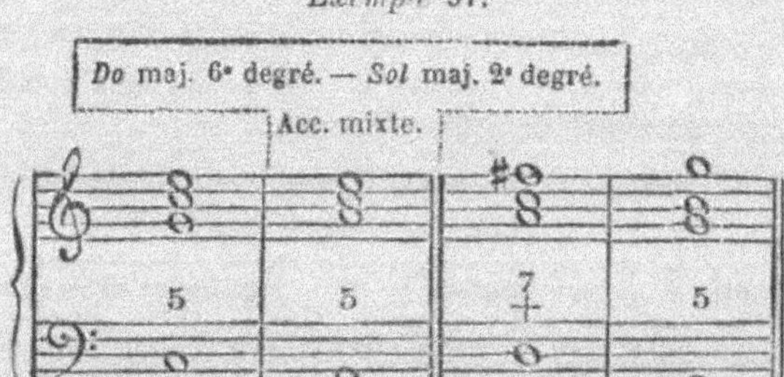

2. On nomme *fausse relation* l'effet produit par la succession immédiate des deux notes d'un demi-ton chromatique dans des parties différentes. Il faut, autant que possible, placer ces deux notes dans la même partie.

Exemple 98.

3. On se sert souvent de notes retardées, qu'on appelle *suspensions*, *prolongations*, *syncopes*, *retards*, etc. Ce sont des notes qui se prolongent jusqu'au milieu d'un accord auquel elles sont étrangères.

Exemple 99.

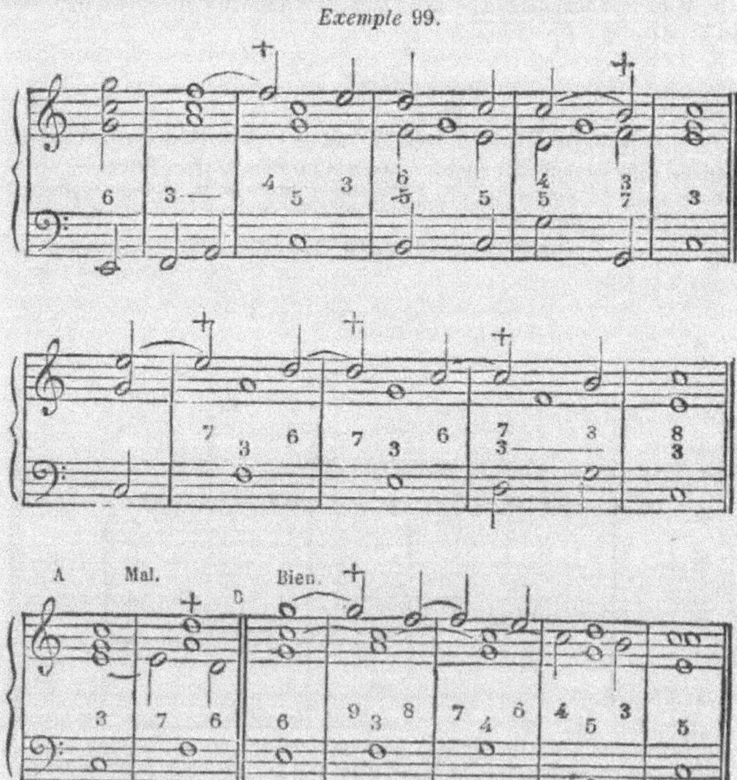

4. Les notes retardées doivent toujours produire une dissonance de seconde ou de septième, avec l'une des notes de l'accord, et cette dissonance doit toujours être suivie d'une consonnance. Il y a une exception. (*Ex.* 99, D.)

5. Il est défendu de faire entendre la note retardée au-dessus de celle qui la suspend. (*Ex.* 99, A.)

6. On peut la faire entendre au-dessous, pourvu qu'elle arrive par mouvement contraire à une neuvième de distance au moins, et que l'accord soit complet. (*Ex.* 99, B.)

7. Il ne faut jamais supprimer de l'accord où se trouve un retard la note qui doit former une dissonance avec ce retard. (*Ex.* 99, C.)

8. Il y a des suspensions doubles et triples, se résolvant ensemble ou successivement.

9. On peut croiser les parties dans les suspensions, mais peu de temps à la fois.

Exemple 100.

10. Le croisement avec la basse n'est pas permis dans l'harmonie élémentaire.

11. La *pédale* est l'effet produit par la prolongation de la tonique ou de la dominante dans la basse, pendant une suite d'accords à quelques-uns desquels elle n'appartient pas.

Exemple 101.

Pédale sur la tonique.

Pédale sur la dominante.

12. On appelle aussi pédale une tenue intermédiaire ou supérieure qui se trouve dans les mêmes conditions.

Exemple 102.

Pédale double. Pédale supérieure et intermédiaire.

13. La pédale est quelquefois double ou triple. (*Ex.* 102.) Lorsqu'elle amène un chiffrage trop compliqué, on chiffre la partie qui est la plus rapprochée de la basse.

Exemple 103.

14. On appelle *modulation enharmonique* le procédé par lequel on transforme les tendances attractives des notes d'un accord par la synonymie. Ce genre de modulations s'opère facilement par l'emploi des accords de septième diminuée et de septième dominante.

Exemple 104.

Différents aspects de l'accord de septième de première espèce.

En *do* maj. En *si* min. En *si* maj. En *fa* ♯ maj. ou min.

En *ré* ♯ min. Plus facile en *mi* ♭ min.

Différents aspects de l'accord de septième diminuée.

15. On peut moduler passagèrement, en accompagnant une mélodie, sans altérer le ton principal.

16. Cependant il ne faut jamais que l'harmonie de l'accompagnement cesse d'être d'accord avec la tonalité de la mélodie, surtout dans les demi-cadences et les cadences parfaites.

Exemple 105.

FIN DE LA PARTIE DE L'ÉLÈVE.

TABLE DES MATIÈRES

DE LA PARTIE DE L'ÉLÈVE

PREMIÈRE PARTIE

DU SON

DU TEMPS

DU SON ET DU TEMPS

DEUXIÈME PARTIE

DU SON

DU TEMPS

DU SON ET DU TEMPS

FIN DE LA TABLE DES MATIÈRES.

PARIS. — IMP. SIMON RAÇON ET COMP., RUE D'ERFURTH, 1.

CHEZ LES MÊMES ÉDITEURS

COURS COMPLET DE LANGUE FRANÇAISE

THÉORIE ET EXERCICES

Par M. *Guérard*, chevalier de la Légion d'honneur, agrégé de l'Université, préfet des études à Sainte-Barbe, à Paris.

PREMIÈRE PARTIE

Grammaire élémentaire, d'après LHOMOND.

Extraite de la Grammaire et compléments, autorisée par S. Ex. M. le Ministre de l'instruction publique et adoptée exclusivement par la ville de Paris pour toutes ses écoles.

— LIVRE DE L'ÉLÈVE. 1 vol. in-12, nouv. édit. Prix, cart. . . . . . . » 75
— LIVRE DU MAITRE. 1 vol. in-12. Prix, cart. 1 25
LE MÊME (Élève), suivi du cahier de la conjugaison, in-12. cart. . » 90

Exercices sur la grammaire élémentaire :

— LIVRE DE L'ÉLÈVE. 1 vol. in-12. Prix, cart. 1 25
— LIVRE DU MAITRE. 1 vol. in-12. Prix, cart. . . . . 2 »

Cadres de grammaire élémentaire, par M. *Feillet*, in-12. . . . . » 25
Leçons et exercices sur la prononciation, 1 vol. in-12, cart. . . » 75
Cahier de la conjugaison. . 1 vol. in-12. Prix, br. rog . . . . . » 20

Exercices sur l'orthographe des verbes :

— LIVRE DE L'ÉLÈVE. 1 vol. in-12. Prix, cart. . . . . » 80
— LIVRE DU MAITRE. 1 vol. in-12. Prix, cart. 1 50

Leçons et exercices gradués d'analyse grammaticale :

— LIVRE DE L'ÉLÈVE. 1 vol. in-12. Prix, cart. . . . . » 80
— LIVRE DU MAITRE. 1 vol. in-12. Prix, cart. 1 50

Cours de dictées élémentaires. 1 vol. in-12. Prix, cart. . . . . . 2 »
Dictionnaire abrégé de la langue française, par MM. *Guérard* et *Sardou*. 1 vol. in-18 carré. Prix, cart. . . . . 2 »

DEUXIÈME PARTIE

Grammaire et compléments :

Ouvrage autorisé par S. Ex. M. le Ministre de l'instruction publique.

— LIVRE DE L'ÉLÈVE, 8e édition. 1 vol in-12. Prix, cart. 1 50
— LIVRE DU MAITRE. 1 vol. in-12. Prix, cart. 2 25

Exercices sur la grammaire et les compléments :

— LIVRE DE L'ÉLÈVE. 1 vol. in-12. Prix, cart. 1 50
— LIVRE DU MAITRE. 1 vol. in-12. Prix. cart. 2 50

Cadres de grammaire et compléments, par M. *Feillet*, in-12, br. . » 45

Leçons graduées et exercices d'analyse logique :

— LIVRE DE L'ÉLÈVE. 1 vol. in-12 Prix, cart . . . . 1 »
— LIVRE DU MAITRE. 1 vol. in-12. Prix, cart. . . . . 2 »

Exercices sur les homonymes et les paronymes, 1 vol. in-12. Prix, cart. 1 25
Cours de dictées. 1 vol. Prix, cart. 2 50
Traité des participes. 1 vol. in-12. Prix, cart. . . . . 1 »

Exercices sur les participes :

— LIVRE DE L'ÉLÈVE. 1 vol. in-12. Prix, cart. . . . . 1 »
— LIVRE DU MAITRE. 1 vol. in-12. Prix, cart. . . . . 2 »

Dictionnaire général de la langue française, par MM. *Guérard* et *Sardou*. 1 vol. in-18 raisin. Prix, cart. 2 60

TROISIÈME PARTIE

Cours de composition française, renfermant plus de 200 modèles, suivi de notions de littérature, et terminé par un recueil de *Sujets de compositions*. 4e édition, 1 fort vol. in-12. Prix. cart. 2 50

— CORRIGÉS DES SUJETS DE COMPOSITION FRANÇAISE, in-12 br. 3 50

ENSEIGNEMENT COMPLET ET GRADUÉ DE LA LANGUE ALLEMANDE

1° Pour la division élémentaire, enseignement par la méthode naturelle.

Cours élémentaire de langue allemande, composé d'après les instructions ministérielles du 29 septembre 1863, par *A. Pey*, ancien élève de l'École normale supérieure, agrégé des langues vivantes et professeur au lycée impérial Saint-Louis.

— 1er *degré*, classe de 6e. In-12. Prix, br., 60 c. — Cartonné . . . » 70
— 2e *degré*, classe de 5e. In-12. Prix, br., 80 c. — Cartonné . . . » 90
— 3e *degré*, classe de 4e. In-12. Prix, br., 1 fr. — Cartonné . . . 1 10

2° Pour la division supérieure, enseignement littéraire.

Cours gradué de langue allemande ou Morceaux choisis de prose et de vers des classiques allemands, avec notes en français par M. *Lévy*, professeur de langue allemande au lycée Louis-le-Grand, et *Pey*, professeur de langue allemande au lycée Saint-Louis :

— 1re PARTIE, par M. *Lévy* (classe de 3e), in-12, Prix, br. 2 25
— 2e PARTIE, par M. *Pey* (classe de 2e), in-12, Prix, br. 2 50
— 3e PARTIE, par M. *Lévy* (classe de *rhétorique*). in-12. Prix, br. . 3 »

ENSEIGNEMENT COMPLET ET GRADUÉ DE LA LANGUE ANGLAISE

Par M. *Montucci*, agrégé des langues vivantes, professeur d'anglais au lycée Saint-Louis, délégué pour l'inspection générale des langues vivantes dans les lycées de l'empire.

1° **Cours élémentaire** :

— 1er *degré*, classe de 6e. In-12. Prix, br. » 60 c. — Cartonné . » 70
— 2e *degré* classe de 5e. In-12. Prix, br. » 80 c. — Cartonné. . » 70
— 3e *degré*, classe de 4e. In-12. Prix, br. 1 f. » c. — Cartonné. 1 10

2° **Cours supérieur** :

— ÉLÉMENTS DE LA GRAMMAIRE ANGLAISE, contenant un traité de prononciation anglaise. Nouvelle édition. In-12. Prix, cart. 1 50

— PREMIÈRES LECTURES ANGLAISES, ou nouveau recueil de morceaux, de prose et de poésie, avec la prononciation marquée et de nombreuses notes historiques et grammaticales. Nouvelle édition. In-12. Prix, cart. . . 2 25

— NOUVEAUX COURS DE THÈMES GRADUÉS, avec notes et vocabulaires.
— *Livre de l'élève*. 1 vol. in-12. Prix, cart 2 50
— *Livre du maître*. 3 50

— DIALOGUES ANGLAIS, précédés d'un traité raisonné de prononciation et d'un vocabulaire de termes techniques, etc., *ouvrage spécialement composé pour les jeunes gens*. Nouvelle édition. In-12. Prix, cart. 2 50

— DIALOGUES ANGLAIS, précédés d'un traité raisonné de prononciation et d'un vocabulaire de termes techniques, etc., *ouvrage spécialement composé pour les jeunes personnes*. Prix, cart. 2 50

ivi
si-
50
50

UE

ns
ple
ée

70
90
10

de
o-
de

25
50
»

IE

ée
les

70
70
10

on
50
se
is-
25

50
50
un
osé
50
un
osé
50

www.ingramcontent.com/pod-product-compliance
Ingram Content Group UK Ltd.
Pitfield, Milton Keynes, MK11 3LW, UK
UKHW021602260726
13993UKWH00002B/990

9 782329 240282